现代英语教学问题分析及教学方法创新

潘卫华 著

中国大地出版社

·北京·

本书从英语教学基础理论出发，结合我国英语教学实践对我国当前英语教学中存在的问题及教学方法的改良进行了深入的研究，主要内容包括：英语教育教学导论、英语教学面临的困难与阻碍、英语教学中的要素分析、英语教学的主要内容分析、英语教学的方法的丰富与创新以及英语教评价问题研究。

本书是一本以英语教学为主题的研究性著作，适合当前从事英语教学的在职教师以及英语教育研究人员阅读。

图书在版编目（CIP）数据

现代英语教学问题分析及教学方法创新 / 潘卫华，张雅琦著. --北京:中国大地出版社,2018.10（2025.1 重印）

ISBN 978-7-5200-0281-3

Ⅰ. ①现… Ⅱ. ①潘… Ⅲ. ①英语－教学法 Ⅳ. ①H319.3

中国版本图书馆 CIP 数据核字(2018)第 226961 号

XIANDAI YINGYU JIAOXUE WENTI FENXI JI JIAOXUE FANGFA CHUAGXIN

责任编辑：王雪静　何翠联
责任校对：韦海军
出版发行：中国大地出版社
社址邮编：北京海淀区学院路31号，100083
电　　话：(010)66554577（编辑室）
网　　址：http://www.chinalandpress.com
传　　真：(010)66554577
印　　刷：北京地大彩印有限公司
开　　本：787mm×1092mm 1/16
印　　张：10.5
字　　数：160千字
版　　次：2018年10月北京第1版
印　　次：2025年1月北京第2次印刷
定　　价：48.00元
书　　号：ISBN 978-7-5200-0281-3

（如对本书有建议或意见，敬请致电本社；如本书有印装问题，本社负责调换）

前　　言

英语是当今世界上主要的国际通用语言之一，也是世界上使用最广泛的语言。世界上约有二十个国家把英语作为官方语言或第二语言使用，进入21世纪以来，我国与世界的交流越来越频繁，各种国际会议、国际贸易、国际展销会、高技术交流、外宾接待、旅游讲解等都需要各类人员熟练地运用英语，以便能够更好地工作和提供服务。

随着经济的发展和技术的进步，英语教学也在悄然发生着变化，这要求我们在新形势的指引下，依托新的教学环境，应用新的教学方法，设计新的教学模式，开发新的教学资源，实施新的教学过程。同时教学环境和教学条件的变化，对教师和学生也提出了新的要求。本书的撰写的目的旨在帮助各类和各层次的英语教师和师范类学生，如何在教学实践中根据现代社会对实用型英语人才的要求和不断变化的教学环境，采用合理的教学与学习手段，保证英语教学的有效性。

本书共分为六章，系统地阐述了当前英语实用教学的相关内容，第一章英语教育教学导论分析了英语教学的内涵解析、母语学习与外语学习的不同点、我国基础英语教学的发展等问题，第二章从英语学习中的问题以及学生学习的内外部阻碍分析研究了当前英语教学面临的困难与阻碍，第三章是英语教学中的要素分析，包括、英语学习中的学习者、学习者的需求以及教学目标分析与设计，第四章是英语教学的主要内容分析，包括语音、词汇、语法、口语、听力、翻译、阅读、写作教学，第五章为传统英语教学方法的丰富与创新，包括英语电影欣赏与戏剧表演、英语歌曲听唱、英语演讲等新型教学方法，第六章对英语教学评价问题进行了研究，包括英语教学评价的内涵解析、主要评价类型的设计与实施、主要评价类型的不同与结合应用等内容。

本书在写作过程中，借鉴了国内外很多相关的研究成果及期刊、著作、论文等，在此对有关的学者、作者表示诚挚的感谢。随着英语教育的不断发展，英语教学的内涵也越来越丰富，本书对英语教育方法创新的研究可能会有不足之处，希望广大读者积极指正，以便使本书不断完善。

作 者

2018 年 8 月

目　　录

第一章　英语教育教学导论 1
　　第一节　英语教学的内涵解析 1
　　第二节　母语学习与外语学习的不同点 11
　　第三节　我国基础英语教学的发展 14

第二章　英语教学面临的困难与阻碍 21
　　第一节　高校学生英语学习中的问题 21
　　第二节　高校学生英语学习中的内部阻碍 39
　　第三节　高校学生英语学习中的外部阻碍 43

第三章　英语教学中的要素分析 49
　　第一节　英语学习中的学习者 49
　　第二节　英语教学中学习者的需求 66
　　第三节　教学目标分析与设计 69

第四章　英语教学的主要内容分析 73
　　第一节　发音、词汇教学 73
　　第二节　语法、口语教学 83
　　第三节　听力、翻译教学 95
　　第四节　阅读、写作教学 106

第五章　传统英语教学方法的丰富与创新 113
　　第一节　英语电影欣赏与戏剧表演 113
　　第二节　英语歌曲听唱 121
　　第三节　英语演讲 125

第六章　英语教学评价问题研究 128
　　第一节　英语教学评价的内涵解析 128

第二节　主要评价类型设计与实施 142
第三节　主要评价类型的不同与结合应用 155

参考文献 159

第一章 英语教育教学导论

第一节 英语教学的内涵解析

一、英语教学的概念

英语教学是指对于英语是或者不是第一语言的人进行教授英语的过程。英语教学涉及多种专业理论知识，包括语言学、第二语言习得、词汇学、句法学、文体学、语料库理论、认知心理学等内容。

英语教学是一个循序渐进的过程，无论是对于英语是或者不是第一语言的人来说，英语学习在全球化快速发展的今天都是至关重要的。

二、英语教学的基本原则

（一）循序渐进原则

英语的授课和学习过程应遵循事物发展循序渐进的一般规律，即从易到难、从外到内。只有这样才能保证把学习到的英语化为己用，避免出现不能把学习到的英语知识运用到实践中的窘况。英语教学和学习的循序渐进主要包括三方面的内容。

第一，从口语过渡到书面语。从口语过渡到对书面语的学习，对于英语的初学者来说比较容易掌握。所以，学生可以在初步掌握英语口语的基础上，再去学习书面语，这样可以增强学生对英语学习的自信心。

第二，从听说能力过渡到读写能力。在英语教学中，应注意对学生听、说、读、写综合英语能力的培养。但听、说、读、写这四项不同能力的难易不同，因此，教师在教授过程中，应遵循从易到难的原则，先培养学生简单的听、说能力，掌握一些简单的词汇和句子结构，然后逐步进行具有难度的读、写教学，为学生的深层学习奠定好基础。

第三，逐步提高学生的综合能力。英语能力的学习是一个螺旋式发展的过程，需要学习者多次进行训练和巩固。在这种不断学习的过程中，教师要引导学生在复习旧知识的过程中，学习新知识，从而逐渐提高学生的综合英语能力。

(二) 兴趣原则

兴趣是引导一个人走向成功的关键因素。在英语学习的过程中，学生对英语的兴趣决定着其是否可以真正学好英语。现阶段，我国高校大学生在英语学习过程中普遍存在消极被动的情形。但是，这并不是一开始就有的现象。很多学生在刚开始接触英语时，都热情高涨，对学好英语很有自信。这是因为人对新鲜事物所具有的天然兴趣和好奇心。但随着时间的流逝，大多数学生的英语水平并没有得到提高，使得他们对英语产生了厌烦的心理。造成这种现象的原因是传统教学理念的偏差，教学方法过于陈旧，考试体系不能真正考核学生的实际英语能力等。因此，要想从根本上改变学生的英语水平，必须致力于培养学生学习英语的兴趣，兴趣是最好的老师，只有这样，学生才能积极主动地投入到英语学习中去。在这个过程中，英语教师需要注意以下几个方面。

第一，找到学生的兴趣点。只有这样，老师才能在教学的过程中利用这些学生感兴趣的材料，激发学生学习英语的兴趣。

第二，表扬取得进步的学生。一定的激励举措可以促进学生的有效学习，在学生心中建立良好的反馈。

第三，要注意师生之间的双向互动。实践表明，学生对一个老师的好恶，很可能影响学生对这个老师所授课程的好恶。因此，英语教师要在课堂上营造轻松活泼的教学氛围，在课下多和学生进行沟通。

第四，对教学评价方式进行革新。可以在教学评价方式中引入形成性评价，使学生在注重学习成绩的同时，也要注重学习的过程，激发他们在学习过程中获得新知识的求知欲。

（三）灵活性原则

由于语言是一个不断处于发展变化过程中的，为了保证学生对英语学习始终充满兴趣，老师同样要注重对灵活性原则的运用。英语教师在教学过程中，应注意以下几个方面。

一是运用灵活的教学方法；二是学生在学习过程中，教师要扮演引导者的角色，指引学生采用灵活的学习方法；三是在课堂上灵活使用英语。语言的主要用处是用来沟通和交流的。老师在课堂上要自主灵活地使用英语，为学生树立榜样，从而在潜移默化中影响学生使用英语。

（四）交际原则

在英语教学改革中，要始终贯彻交际性原则的要求。老师的职责不仅是教授学生相关英语的语法、词汇等基础知识，还要指导学生在实际生活中运用英语。这需要教师在实际授课过程中做到以下几个方面。

第一，正确理解英语教学的性质。英语教师在授课前，需要明白现在社会所需要和高校想要培养的英语人才并不是应试高手，而是能熟练使用英语的高素质大学生。英语教学是一种为了提高学生听、说、读、写能力而开展的综合型课程，所有教学活动的开展，都应该致力于培养学生熟练使用英语的能力。而学生用英语进行交际的能力需要在使用英语的过程中得到提升，只注重对学生理论知识的传授，对于英语教学是远远不够的。

第二，明确英语是一种用来交际的语言工具。归根到底，英语教学的最终目的是培养学生用英语进行学习、工作和生活的能力。因此,在英语教学过程中,英语教师应把交际原则放在首位,培养学生在课堂上和生活中用英语进行交际的能力。英语老师在开展教学活动中,要注意以交际为主要的关注点,在课堂上营造用英语进行交流的学习氛围。

第三,教学内容要和现实生活密切结合起来。英语学习是为现实的学习和工作服务的,因此教学内容要注重和现实生活相结合。在具体教学活动中,英语教师应把语言和学生所关心的话题结合起来,以此来引起学生的关注,激发学生的学习热情。

第四,在教学中创设交际情景。真正具备英语交际能力的人,是能够做到在恰当的地点和时间,以恰当的方式向恰当的人说恰当的话的人。为了培养这样的高素质大学生,需要英语教师在教学过程中创设交际情景,通过开展不同类型的教学活动来培养学生应用英语的能力。情景所包括的要素主要有时间、地点、参与者、交际方式、谈论的题目等内容。在不同的情景中,由于一些要素的制约,讲话者的内容和语气也会随之不同。同时也会出现同一句话在不同的情景中表意不同的情况。如,"Can you tell me the time?"可能具有两层意思,第一层意思是质问他人迟到的原因,第二层意思是询问时间。因此,在教学过程中,为了使学生对每一句话的表意有准确的理解,英语老师应注意把教学内容置于特定的情景中。英语老师可以利用各种教具作为辅助,开展不同情景的交际活动。同时,教师也可以调动学生的自主性,设计一些具有交流性质的任务型活动,让学生自主完成特定的学习任务,从而在完成任务过程中获得相应的知识。

(五) 系统原则

系统性原则可以帮助学生获得所学知识的系统概念,在大脑中形成相关的知识结构框架,从而更好地掌握所学的知识。因此,在英语教学改革中,也要注重遵守系统性原则。为了使学生得以系统地掌握所学知识,教师需要做到以下几点要求。

第一,系统安排教学工作。这要求教师的教学工作应具有一定的规划,可以通过有计划地备课，有计划地布置作业等来完成。

第二，系统安排教学的内容。为了确保学生可以循序渐进地掌握现阶段应掌握的知识，教师在安排教学内容中，应按照一定的顺序展开。比如，在安排低年级英语教材的教学内容中，不要机械地去理解系统性的知识。教师应按照教科书的编排顺序和实际授课的情况，确定讲课的重难点。当讲授新的知识点时，要由浅入深，由易到难，循序渐进地进行讲解，以便于学生掌握。

第三，系统安排学生的学习。教师在教学过程中要发挥好引导者的作用，指导学生进行连贯和系统的英语学习，鼓励学生对于英语学习要坚持不懈，要有恒心，同时要树立学生学好英语的自信心。在具体教学实践中，教师通过在课堂上讲解习题的形式，督促学生按时完成学习任务，培养学生日常坚持学习英语的习惯，杜绝学习英语只是为了应试的不良学习风气。

(六) 关注情感的教育性原则

不同于传统的教学模式，现在的教学模式多以学生为中心。因此，在进行英语教学改革中要体现以学生为中心的教学理念，关注学生的情感。教师可以通过以下几个方面关注学生的情感。

第一，努力营造良好的教学环境。英语教师要努力建立相互尊重、理解和信任的新型师生关系，并注意营造轻松愉悦的学习氛围。

第二，要培养学生形成积极的情感。其具体举措包括在课堂上讨论情感问题的方式，建立情感态度的沟通渠道等。

三、英语教学的理论基础

(一) 认知理论

认知语言学是认知科学和语言学相结合形成的新型学科，兴起于20世纪80年代。在我国得到广泛的认可是在20世纪90年代，其相关概念对许多领域产生了深刻的影响,其中包括第二语言习得和教学等领域。认知语言学中被英语教学所借鉴的主要有基本范畴、隐喻认知结构、象似性、图式等。

1. 基本范畴

范畴产生于人们对客观事物进行判断、分类和储存的需求。需要注意的是,在统一范畴中不同的事物可能处于不同的层面和地位,有一些事物被人类迅速地认知,这些可以被人类迅速感知的事物所处的范畴领域就被称为基本范畴。基本范畴具有四项主要的特点:其一,具有能被感知的特征;其二,可以在第一时间被识别;其三,被认识、命名、掌握和记忆;其四,对一些特定中性词的使用频率较高。

这对英语教学和学习的启示是,在词汇教学中,英语教师首先讲解一些基本范畴的词汇,然后再讲解更高范畴层次的词汇;学生要按照词典对词汇范畴的划分,先学习那些是基本范畴的词汇,再学习其他更高范畴的词汇。

2. 隐喻

莱考夫和约翰森在其著作中提到,隐喻不仅是一种语言现象,更是一种思维方式和隐喻概念体系,是人们的认知思维方式之一。他们认为,人类思维的方式其实就是隐喻,人们构建概念系统的方式也和隐喻的方式相似。词语的隐喻意义的产生渠道主要有两种:其一是为了适应生活的需要灵活产生的;其二是在不同民族和国家中约定俗成的隐喻意义。在词汇教学中,要注意对学生隐喻思维的培养,良好的隐喻思维可以帮助学生深入理解不同语言民族的思维特点,理解语言形式表层难以理解的某些概念。

3. 图式理论

约翰森认为意象图式指的是通过感知的相互作用和运动程序获得的对事物经验给以连贯和结构的循环出现的动态模式。"图式"指的是知识在头脑中储存的方式,是大脑按照积极性原则对过去经验进行的反映和重组。

鲁梅尔哈特认为阅读图式包括三方面的内容,即语言图式(1inguistic

schemata)、内容图式(content schemata)和形式图式(formal schemata)。在英语的听力理解中,同样具备这三方面的内容。形式图式包括语篇图式,因此老师在教授过程中不仅要解决学生的语言障碍,还要讲解文章的结构。内容图式要求老师要针对不同教学目的和教学对象选择不同的阅读材料进行授课。从本质上来看,英语的阅读教学要处理好阅读材料的内容图式和学生大脑中内容图式之间的平衡关系。

4. 距离象似性

距离象似性指的是概念距离和语言形式的距离成正比,其理论基础是认为,临近的概念和思想容易被唤起,在心智水平上放在一起进行处理的可能性也越大。在英语学习中,可以借鉴一定的距离象似性原则,从而更好地学习语法知识,更得体地运用英语进行交际。

索绪尔在《普通语言学教程》中曾经提出语言符号任意性的原则,后被认为是人类语言的本质特征之一。但是随着认知语言学的进一步发展,语言符号的任意性原则遭到了普遍的质疑,从而引起国内外相关专家和学者对语言象似性的关注和研究。在我国,对语言象似性进行研究的主要有沈家煊、杜文礼、王寅等人,王寅认为语言象似性是"语言符号在音、形或结构上与其所指之间存在映照性相似的现象"。

很久以前,距离象似性就对语言符号象似性展开了研究,最早的研究者是哲学家和符号学家。美国哲学家皮尔斯曾经提出了将符号分为象似符(icon)、标志符(index)和象征符(symbol)的符号三分法。功能主义语言学家海曼将语言结构的象似性分为成分象似与关系象似两大类。成分象似值得是语言成分和人类的经验成分存在一定的象似之处;关系象似指的是语言结构的不同成分之间的关系和人类经验的结构内部成分之间的关系存在一定的对应性。

在学习英语的过程中,不仅要获取相关的语言知识,还要培养用英语进行交际的能力。因此可以分析英语语言交际中的距离象似性,来探讨其对英语交际的重要原则——得体性与礼貌程度所造成的影响。

(二) 语言学习理论

1. 行为主义学习理论

行为主义学习的理论基础是"条件反射",该概念由俄国生理学家巴甫洛夫(Ivan Pavlov)提出。在"条件反射"概念的启发下,人们通过研究发现,儿童的学习语言过程是一个重复的"刺激—反应"的过程,儿童在这个过程中实现对母语的学习。

(1) 华生行为主义学习理论

行为主义学习理论是由美国心理学家华生(John B. Watson)在20世纪初所建立的。他认为人类的行为可以用客观的方法进行研究。华生强调,在特定的环境下,动物和人的复杂行为都是通过自身所习得的,并且都具有刺激和反应这一共同的因素。基于此,华生提出了著名的行为主义心理学公式,即"刺激—反应"(S—R,即 Stimulus—Response)。

(2) 斯金纳对行为主义学习理论的发展

在华生行为主义心理学基础上,美国学者斯金纳(B. F. Skinner)对行为主义继续展开研究,并在1957年出版了《言语行为》(Verbal Behavior),在本书中斯金纳进一步概括了行为主义对于言语行为的影响。斯金纳在《言语行为》中认为,人类的言语产生于一些刺激活动,这些刺激包括外部刺激和内部刺激,在这些重复不间断的刺激活动中,使人们学会了与自身的生活社区所适应的语言形式。可见,"重复"对学习的重要性。行为主义的学习模式可以用图1-1进行表示。

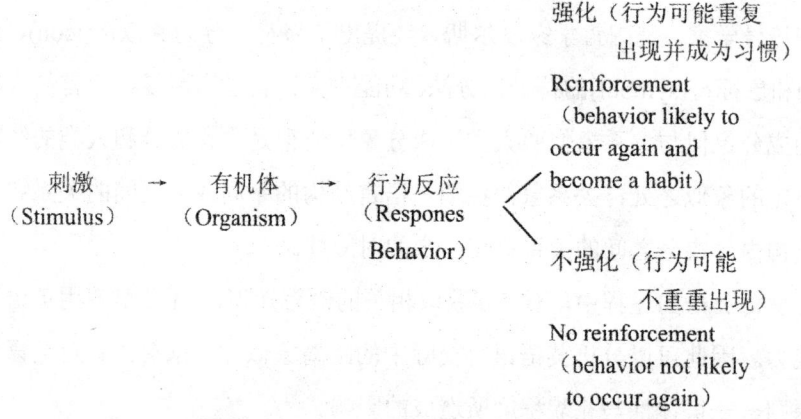

图1-1 斯金纳的行为主义学习模式

行为主义学习理论对英语教学的实践有深远的影响。如,在学习过程中,对学生实行一定的奖惩机制来促进学生的学习,遏制一些不利于学习的因素。这就是说,英语教师可以通过开展活动来对学生的学习过程进行干预,从而促进学生的学习积极性,通过表扬的形式激励学生的学习的自主性,通过警告的形式制止学生中存在的不良学习行为。

2. 认知主义学习理论

从上面的分析中可以看出行为主义理论在语言研究中占据了重要的地位。但是行为主义把人的思维都简单化地看作是"刺激—反应"的过程,对人的意识问题没有进行充分的考虑。因此,逐渐受到了相关学者的质疑。在这样的学术背景下,认知主义学习理论逐渐有了立足之地。该理论认为学习过程是通过对情景的认知和领悟而不断形成认知结构的过程,其主要关注点是学习的内部条件和步骤,主要有皮亚杰的发生认识论和布鲁纳的发现学习理论。

(1) 皮亚杰的发生认识论

皮亚杰的发生认识论主要关注的是人类的认识问题,主要包括概念、记忆、推理、表象、注意、感觉、决策、人工智能、认知发展等内容。该理论认为,对任何一个人进行研究都可以从他的童年时期甚或是胚胎时期开始。因此,皮亚杰主要的研究重心是认知发展的机制和阶段性。皮亚杰建立了较为直观的心理模型用来模拟抽象的大脑活动过程,进一步加深了人类对自身的了解程度。

(2) 布鲁纳的发现学习理论

布鲁纳的发现学习理论认为学习的实质是主动形成认知结构的过程。认知结构指的是认知新事物的一种方式。布鲁纳认为学习过程包括知识的获得、知识的转化、知识的评价三部分,在学习的过程中,这三部分几乎同时发生。从本质上来看,学习新学科的过程就是学习新知识的过程,而这些知识的最终习得,必然经过知识的获得、知识的转化和知识的评价三部分。从这个角度来看,布鲁纳的发现学习理论是最值得考虑的学习方式。

在发现学习中,要时刻以学生为中心进行授课,教师充当的角色主要是引导者,而不是课堂的主角,要调动学生在学习过程中的积极性和主动参与性,从而培养学生自主分析问题和解决问题的能力。

3. 合作学习理论

合作学习理论是由美国明尼苏达大学教授约翰逊(Johnson)等人提出,该理论认为,合作学习指的是小组成员通过合作来完成学习任务的一种学习方式。合作学习的理论基础是建构主义理论、认知发展理论和社会互赖理论。本小节对建构主义理论、认知发展理论和社会互赖理论进行初步的分析,旨在为现代英语的教学改革提供一定的借鉴。

(1) 建构主义学习理论

可以从两个层面对建构主义学习理论进行探讨。其一是主要观点。该理论认为:一是知识的获得需要学习者借助他人的帮助和参阅相关的学习资料。因此,在英语教学中,英语教师要为学习者营造合作的学习氛围;二是在英语学习中注重"情境""会话""协作"和"意义的建构"四项要素。其二是积极影响。现代英语的教学和学习在不同程度上都受到了建构主义学习理论的影响。在认识层面,建构主义学习理论以学生为中心,颠覆了原有教学模式中以教师为主体,学生处于被动接受知识的传统。在学习方式层面,建构主义学习理论鼓励不同学生之间、师生之间的互动和合作,即"互动式教学模式",该模式是对传统教学模式"填鸭式""灌输式"的否定,注重学生在学习过程中的积极参与。在学习内容层面,建构主义学习理论强调英语教学内容的趣味性,同时也要具有浓厚的生活气息。在测试内容和形式方面,由于受到建构主义学习理论的影响,现在高校的英语测试注重对学生交际能力的考核。

(2) 社会互赖学习理论

可以从两个层面对建构主义学习理论进行探讨。其一是主要观点。该理论的主要关注点是研究成员在具有竞争性和合作性的社会情景中如何行动、内心活动是怎样的、互动的结果如何。其二是对合作学习的启示。社会互赖理论对合作学习有重要的指导意义。合作学习主要包括积极互赖、责任到人、促进性互动、社交技能和小组反思五项重要的内容。为了达到最好的授课效果,教师要在进行教学设计之初，就充分考虑对这些要素的运用，促进学生之间和师生之间的合作和互动。

第二节　母语学习与外语学习的不同点

教学与学习关系十分密切，没有学习就无教学，教学的成败与对学习了解的程度有直接的关系。外语教学成功的因素诸多，但其中之一就是外语教师对母语学习和外语学习的不同点进行过认真的研究和很好的了解。

第二语言学习与第一语言学习有着密切的关系，它们之间有不少共同点，但更多的是不同点。第二语言学习和母语学习存在着很大差异，那就是儿童在学习母语时，不受任何其他语言的干扰，因为他们没有学习第二种语言。而成年人学习第二语言时，情况就大不一样了，因为此时人们第一语言的整套习惯已经形成，其中一些第一语言学习的经验可以用于学习第二语言，但并不是所有的都可以直接拿过来用。在这些习惯中，有些与第二语言学习相类似，是有益的，被称为"正迁移"(positive transfer)，有些习惯则妨碍了人们正确地学习第二语言，即所谓的"负迁移"(negative transfer)或称"干扰"(interference)。这些干扰以及在第一语言中不存在的语言项目就构成了学习的困难，它们也是产生第二语言错误的根源。

一、环境不同

在竞争性很强的、有压力的学习环境中，是在母语环境中学习另一种语言，绝大多数的第二语言学习者仅在课堂上接触新语言。如中国人学英语大都从初中开始，他们每周除了几节英语课外，没有其他学习英语的环境。第一语言学习者随时随地都可以学习母语，并在实际中运用母语，他们是在真实的语言环境中学习语言。而第二语言学习者由于缺少使用语言的环境，只能模仿，结果到了真正运用的时候，有些知识往往是学非所用。

二、学习目的不同

第一语言学习者学习母语的主要目的是为了满足自己生活的需要，而第二语言学习者学习第二语言往往是为了某种特殊的目的，如当外语教师、做翻译、当导游、去国外学习进修或阅读外语资料等。

三、方法的不同

第一语言学习者是自然学习母语，儿童在学习第一语言时，是一种无意识的学习，他们并不做正规的语法训练，重点强调流利，即先流利，后语法。而第二语言学习者始终能意识到他们是在学习第二语言，因此，他们一般都是先学正规语法，并在掌握了一定语法规则的基础上，再开始听说，同时强调准确性，即先语法、后流利。儿童学习母语时，不怕出错；第二语言学习者学外语时，总怕出错。儿童学习的语言具有自然色彩、简单化和实用性特点，他们往往知其然但不知其所以然，并且不注意去感受语言道理，而是更多地吸收与实际生活相关联的话语。成年人学习第二语言时，大多接受具有一定形式的语言，故带有语法色彩和表达方式准确的特点。

四、语言迁移的不同

"语言迁移"指一个人在第一语言学习环境中获得的知识趋于向第二语言学习进行迁移。儿童在开始第一语言学习时，脑子里一片空白，没有任何外来语影响，只是纯粹模仿成人的语言，不存在什么语言迁移。而第二语言学习就不那么简单了，因为第二语言学习者开始学外语时大都已是青少年或成年人，他们已基本掌握了第一语言，于是，这已掌握的语言就时时在起作用，影响着第二语言学习，这种影响就是"语言迁移"的作用。迁移分为正向迁移和负向迁移。"正向迁移"是指对学习有利的语言习惯转移，在母语与第二语言有相同的形式时会出现这种情况，语言的正迁移可以帮助学习者学习语言。而语言的负迁移则在一定程度上干扰第二语言学习，如汉语中没有动词第三人称单数的变化，英语初学者就容易把"He works very hard."说成"He work very hard."；还有人把"north，south，east，west"译成"北南东西"(正确的应该是"东南西北")等，这些都是负迁移，这时的母语对第二语言的学习就起到了干扰作用。

五、其他方面的不同

第一语言和第二语言学习者年龄的不同必然会引起认知能力的差异和在情感、社会文化和生理等方面的不同。实验证明，儿童时期学第一语言的人与成年时期开始学第二语言的人相比，其大脑的生理构造是不一样的。第二语言学习如果是在熟练掌握了母语之后进行的话，其认知基础已发生了根本性的改变。在谈到第一语言学习和第二语言学习的不同点时，宁春岩(2000)总结出以下几点：

1) 第一语言学习是人脑从零态进入稳定态的过程，但是第二语言学习时，人脑不处于零态，而是处于初始态。

2) 第一语言学习中。父母讲的话是杂乱无章、未经过组织的语言材料，而第二语言学习中，特别是在外语课堂上，学生所接触的材料是经过教师组织、处理和安排的。

3) 儿童学习第一语言时听到的全都是"正确的句子"，没有"负证据"，也没有纠正错误的机会和必要，而第二语言学习时，特别是在外语课堂上，学生经常出错，教师必须为学生纠正错误才能使学生逐渐学会目的语。

4) 第一语言学习不依赖其他认知系统的认知活动，而第二语言学习则依赖其他认知系统的参与。

Bley Vroman(1989，见 Johnson，2004)描绘了成人第二语言学习和母语学习的不同特点。儿童母语学习与成人二语学习的主要不同在于第二语言学习者不能保证得到成功，而所有的儿童都能很好地掌握第一语言的特定领域模块。在掌握程度、学习过程和学习技巧上也存在很大差异。二语学习最后阶段的差异程度支持了 Blev.Vroman 的观点。与儿童不同的是，成人学习者树立不同的目标以达到他们希望获得的语言水平。例如，一些成人学习者在达到初级语言水平时即感到满足，因为他们已可以在目标文化中游刃有余地进行交流；其他学习者则希望学习第二语言并用之阅读。而儿童的目标为自身的语言能力所限制。成人二语学习与儿童母语学习的不同还在于成人思想的僵化。成人学习者最终会达到某种稳定水平，但此时无论他们怎么努力都将无法超越这种水平，而即使高水平的成人学习者也不能像本族语者那样对句子的语法表现出相同的直觉。儿童不像成人学习者那样需要正式的语法课来学习母语，诸如性格、动机、态度和能力这些因素并不能影响儿童学习第一语言，但它们在二语学习中却发挥了重要作用。

由以上可以看出，第二语言学习与第一语言学习存在很大的差异。作为外语教育工作者，我们要善于了解二者的共同点和不同点，因为只有认真发现、分析和掌握了其异同，才能有针对性地采取措施帮助第二语言学习者学好第二语言，也才能有效地提高我国外语教学的水平。

第三节　我国基础英语教学的发展

一、中华人民共和国成立以前

根据史料记载，我国正规的外语教学应该是从元朝开始的。鸦片战争以前，外国传教士就已在中国沿海岛屿开设了"为宣传基督教而学习英文与中文"的教会学校(mission school)。最早来华的基督教传教士——英国人马礼逊(Robert

Morrison),于1818年在马六甲开设了英华书院(Anglo-Chinese College)。1835年(马礼逊死后第一年),广州、香港等地的传教士和商人组织了马礼逊教育协会,为中国儿童开设英文等课程。后来,清政府也开始重视外语教学,并在同治元年(1862年)专门成立了京师同文馆,用来培养专门的外语人才。起初,同文馆仅设英文馆,英国传教士包尔腾(J. S. Burdon)任第一任英文教师,后来又设立了其他不同的外语馆。甲午战争(1894年)后,光绪皇帝于1898年6月下令设立京师大学堂,后改为大学堂的译学馆,译学馆的教学以外国语文为主。1902年,清廷颁布了《钦定中学堂章程》(壬寅学制),规定"今后府州所设学堂为中学堂",其中外国文(英语)课时占总课时的1/4。1912年南京临时政府成立,9月,教育部公布了学制体系,1913年1月又做了补充修改,规定小学第二或第三年加设外语,中学4年,外国语为必修课。1933年,教育部公布了《中学规程》和《中学课程标准》,规定初高中学生各学3年英语,每周5课时。1936年,教育部公布了《修正中学课程标准》,规定初中3年英语,每周减少为4课时,高中仍为5课时。1940年,教育部公布了《修订初高中课程标准》,规定初中英语改为选修,高中为必修。1947年,教育部开始修订中学课程标准,1948年公布,规定初中一、二年级外语课每周3学时,初三4学时,高中3年每周5学时。

二、中华人民共和国成立以后

1949年10月1日以后,中国开始全方位向苏联学习,各行业都急需俄语人才,中学外语课几乎全部由俄语课代替,1952年还专门为中学生编写了初、高中俄语课本。直到1956年,西方语言教学才开始在国内有所发展,高中英语课的教学面有所扩大,高级中学英语教学大纲(草案)也于1956年颁发。1966年"文化大革命"爆发,在"文革"期间,英语被认为是帝国主义国家的语言,学习英语就是学习帝国主义,就是"崇洋媚外",那时全国几乎完全放弃了英语教学与英语学习。1978年以后,中国教育开始拨乱反正,中学外语课得以恢复,外语课(以英语为主)成为与语文、数学并列的重要基础课。从此,我国的外语教学才重新走上了正常发展的轨道，人们才真正地认识到，高水平的外语教育同时也是提高整个中华民族科学文化水平的重要组成部分，是一个先进国家、先进民族所必须具备的条件之一。改革开放以后，基础英语教学得到了进一步的发展。

(一) 教学大纲的变化

1. 中小学英语教学大纲和课程标准的发展

为了加强我国的英语教学工作，特别是对基础英语教学的宏观管理与指导，中华人民共和国成立以来，国家教育部颁发过多部英语教学大纲和课程标准，它们是：

《普通中学英语科课程标准(草案)》，1951年；

《高级中学英语教学大纲(草案)》，1956年；

《初级中学英语教学大纲(草案)》，1957年；

《全日制中学英语教学大纲(草案)》，1963年；

《全日制十年制中小学英语教学大纲(试行草案)》，1978年；《全日制十年制中小学英语教学大纲(试行草案)》，1980年；

《全日制中学英语教学大纲》，1986年；

《九年义务教育全日制初级中学英语教学大纲(初审稿)》，1988年；

《全日制中学英语教学大纲(修订本)》，1990年；

《九年义务教育全日制初级中学英语教学大纲(试用)》，1992年；

《全日制高级中学英语教学大纲(初审稿)》，1993年；

《全日制高级中学英语教学大纲(供实验用)》，1996年；

《九年义务教育全日制初级中学英语教学大纲(试用修订版)》，2000年；

《全日制高级中学英语教学大纲(实验修订版)》，2000年；

《全日制义务教育普通高级中学英语课程标准(实验稿)》，2001年；

《普通高级中学英语课程标准(实验)》，2003年(以下简称《新课标》)。

中华人民共和国成立以后，虽然1951年有了英语课程标准草案，但事实上，从 1949 年到 1956 年被称为俄语统治时期(Russian years),当时俄语控制着我国整个外语教学。后来,随着中苏关系的破裂,英语才引起了政府的重视。但是,"文革"十年使英语教学几乎中断。改革开放以后,英语教学被提到了前所未有的重要地位,人们从来没有像今天这样重视英语。这些英语教学大纲和课程标准的颁布充分反映了我国基础英语教学发展的轨迹,这些文件对我国的英语教学起到了积极的促进作用。

2.《全日制义务教育普通高级中学英语课程标准(实验稿)》(2001)

《全日制义务教育普通高级中学英语课程标准(实验稿)》(2001)包括以下几个部分:第一部分"前言";第二部分"课程目标";第三部分"内容标准"(语言技能、语言知识、情感态度、学习策略和文化意识);第四部分"实施建议";文件最后有 7 个附录:语音项目表、语法项目表、功能意念项目表、话题项目表、技能教学参考表、课堂教学用语和词汇表。

本课程标准采用了国际上通用的分级目标体系,将基础教育阶段从小学至高中英语课的教学目标设计为 9 个级别:第二级为小学六年级结束时的要求;第五级为初中毕业时的要求;第七级是高中阶段必须达到的级别要求;第八级和第九级是为愿意进一步提高英语综合语言运用能力的高中学生设计的目标。这种全新思路的级别划分,既提出了明确的目标要求,又避免简单划一,具有鲜明的原则性与灵活性相结合的特征,而《新课标》(2003)只讨论了高中的 4 个等级(六级、七级、八级和九级)。

3.《普通高级中学英语课程标准(实验)》(2003)

《普通高级中学英语课程标准(实验)》(2003)共 4 部分,再加一个附录。第一部分"前言",包括课程性质、基本理念和课程设计思路;第二部分"课程目标";第三部分"内容标准",包括语言技能、语言知识、情感态度、学习策略和文化意识;第四部分"实施建议",包括教学建议、评价建议、课程资源的开发与利用,以及教材使用建议;"附录"部分包括语音项目表、语法项目表、功能意念项目表、话题项目表和词汇表。下面几节将分别讨论本课程标准的有关内容。

英语课程是普通高级中学的一门主要课程，它既有人文性又有工具性。人文性体现在它对促进个人人生和国家的发展具有重要意义。同时，它又能促进学生的情感发展、价值观的形成以及综合素质的提高。其工具性体现在通过学习英语，学生可以为学习国外先进的文化科学知识创造条件。英语课程的设置于是同提高整个民族的素质联系了起来，而强调英语课程的学习对促进对外交往和增强国力具有重要的意义。新的高中英语课程设计了必修课程和选修课程，必修课程是为高中毕业生所应达到的共同英语语言能力而设置的课程，包括5个模块：英语1~英语5，每个模块两个学分，学生完成10个学分后，就达到了高中毕业要求。必修课程的内容强调听、说、读、写综合技能以及学生用英语进行思维与表达能力的培养。选修课程分为两个不同的系列，即系列Ⅰ和系列Ⅱ课程。系列Ⅰ课程为顺序选修课程，应在完成必修课程后按顺序选修，共6个模块：英语6~英语11，每个模块2个学分，每周4课时。系列Ⅱ为任意选修课，任意选修课程又分为3类，即语言知识与技能类、语言应用类和欣赏类，各学校在现阶段从每类课程中选择开设1~2门课程，以后逐步增加。

那么，2003年的《高中英语标准》与2001年版的《英语课程标准》有什么内在的联系呢？

2001年7月出版的《英语课程标准》(实验稿)是按照小学三年级至高中三年级的整体思路设计的，但由于当时国家关于高中课程改革的整体思路尚未出台，因此，其高中部分的课程标准基本是按照与义务教育相衔接的分级目标的课程模式进行设计的。虽然在高中阶段体现了一定的灵活性和开放性，但是没有给予学生更多的选择性和个性发展的机会。因此，课程标准研制组后来根据教育部关于高中课程改革的整体思路重新对高中课程进行了设计，并力求体现基础性、时代性和选择性的原则；以学分制的方式设置必修课程和选修课程，同时又与英语语言的水平级别相联系，形成了新的高中课程的设置模式。高中英语课程的改革于是以新制定的《高中英语标准》为准。2001年版的《英语课程标准》在修订后被改为《全日制义务教育英语课程标准》。

（二）教材的变化

1949年以来，我国的基础英语教材发生了重大变化，这些变化大致分为以下几个阶段：

第一个阶段：20世纪70年代以前(含70年代)，基础阶段英语教材很少，全国使用统一英语教材。英语教材全部由国内英语专家编写，其编写大纲主要受行为主义教学理论、语法翻译法和听说法的影响，强调学生书面语能力的提高。英语教材的内容大多是毛主席语录和关于政治的文章。

第二个阶段：20世纪80年代至90年代中期，全国使用统一英语教材。这些教材由国内外英语专家共同编写，其编写大纲主要受行为主义教学理论、语法翻译法和听说法的影响，强调学生书面语能力的提高，但开始注意培养学生的交际能力。英语教材的内容比较广泛，没有更多的政治口号。

第三个阶段：20世纪90年代中至今，全国不再使用统一英语教材，多种版本的英语教材使学校和老师有了选择的空间，不同的地区可以采用不同的教材。英语教材以国外英语专家编写为主，并由国内英语专家参与共同编写，其编写大纲主要受社会文化教学理论和交际教学法的影响，强调学生全面语言能力的培养和提高。英语教材的内容丰富多彩，大多来自英语国家的原版材料，同时也有体现中国文化和特色的文章。

（三）高考的变化

"文革"以前，我国外语考试的语种主要是俄语，"文革"期间任何外语考试都没有。1977年恢复高考后，英语再次受到国家的重视，并迅速被列入高考科目，英语成绩也被计入高考总分，具体情况如下：1977年和1978年英语不计入高考总分；1979年英语占总成绩的10%；1980年，30%；1981年，50%；1982年，70%；1983年，100%。

在2000年以前，全国实行统一考试，所有考生使用统一试卷。但是，2000年教育部决定把上海作为高考自主命题的试点。之后，北京市于2002年首次进行自主命题,并编写了自己单独的考试大纲。广西壮族自治区2002年的专科考试试卷也自行命题。2004年起,全国逐步实行高考"统一考试,分省命题"的新举措,共有上海、北京、天津、辽宁、江苏、浙江、福建、湖北、湖南、广东和重庆11个省市实施了分省命题,这是我国高考改革的一项重要举措。2005年又增加了安徽、江西和山东;2006年新增四川和陕西两个省,至此,实施自主命题的省、市达到了16个,考生人数约占全国考生总数的2/3;2008年新增海南和宁夏,目前全国自主命题的省、市、自治区共有18个。另外,考试内容也发生了重大变化,这些变化有积极的一面,如题型、内容都更科学和实用;同时,也有消极的一面,如有些省份为了省事,怕考试期间听力设备出现问题,于是在高考试卷中取消了英语听力考试部分,这毫无疑问是倒退的表现。无论如何,高考都应该设置英语听力考试,这是培养学生英语综合能力的具体措施和检查手段。

第二章 英语教学面临的困难与阻碍

第一节 高校学生英语学习中的问题

本节主要就英语学习的心理类型、语言和言语的区别、语言技能和语言习惯以及影响英语学习的因素进行深入研究。

一、英语学习的心理类型

别利雅也夫认为,人们在学习外语知识时,普遍存在理性与逻辑型、直觉与感觉型两种基本心理类型。

理性与逻辑型的人在学习外语时,常常需要学习其理论性的语言和知识,认为要想学好外语,必须有理论性的知识做指导。他们学习语言慢而吃力,需要在学校内学习好几年,很少用外语思考,在运用语言时,既需要对课文进行语法分析,又要把它译成母语。他们通过翻译来解释新词语、习语的意思,而且为了记住它们,去认真分析和多次重复,运用外语时,总是有意识地把母语转换为外语。这种类型的人以对语言知识的有意推理运用为特征,不能用外语思维自由地思考。

直觉与感觉型的人主要通过实践来学习外语,他们认为理论知识对于学习外语并不起决定作用。他们能快速学习外语,觉得深入分析课文的语法或将其翻译成母语,是没有必要的。在语言运用时,他们仅仅用猜测的方式,就能准确掌握新词的意思,几乎集中全部精力于内容的意义上。这种类型的人能完全地随心所欲地用外语思考,外语与思想是直接相关联的。

实际上,学习者的性格因素与英语学习有关系。为了提高英语教学效果,英语老师需要在把握学生性格特点的前提下,帮助其调整学习心态、养成良好的学习习惯。例如,要加强内向型学习者自身的心理健康训练,而且要从简单的学习内容入手,制订循序渐进的学习教学计划,培养其对课程学习的兴趣;对外向型学习者,要帮他们养成深思好学的习惯,引导他们在遇到困难时,多问几个为什么,出现错误要及时改正。

二、语言和言语的区别

关于语言和言语的区别,主要有以下几种观点。

(一) 第一种观点

贾冠杰认为,在心理学中,与语言教学有重要关系的是语言与言语的内在关系问题。

心理学家认为,语言和言语不同。语言是交际的工具,而言语是用语言作为工具进行交际活动的过程,是一种社会现象,是表情达意的符号系统,是指某民族的交际系统。

心理学家主要对人们的言语行为感兴趣。也就是说,在心理方面,他们对个体怎样运用语言这个问题感兴趣。

语言可以分为古代语言和现代语言,罗曼语和日耳曼语等。言语分为口头语言和书面语言,交流语言和文学语言,外部语言和内部语言等。

(二) 第二种观点

语言是一个人表述能力的重要部分。语言包括言语,言语是语言的一部分。

就大脑来说,语言分"脑语"和"嘴语"。脑语就是我们时时在大脑里产生,称作"思考"或"思想"或"思维"的东西,"脑语"被嘴表达出来就叫"嘴语"。

"脑语"和"嘴语"并不是一个东西,第一,"嘴语"不是"脑语"的唯一表达方式,因为"脑语"还可以通过肌肉群来表达;第二,"脑语"和"嘴语"在表达时失真。

言语是用嘴说出来的,而语言不单是用嘴说的。简单来说,言语即"说",语言即"话"。

(三) 第三种观点

晨蕾认为语言和言语之间既有联系,又有区别。

1. 话言和言语的联系

语言和言语是静态和动态的联系,概括和具体的联系,系统和形式(现象)的联系。语言本身不能被听到,也不能被看到,它存在于人们的言语中;日常生活工作中,人们听到、看到的都是言语。总之,语言源于言语,语言不被运用,就不会有生命力。

人们要想认识、学会语言,必须通过言语。从言语入手,以言语为对象,人们才能研究、学习、讲授语言。语言对言语有着强制性的规范作用,言语依赖于语言。人们要想交流,必须达成语言的共识。每个人说话可以是千差万别的,但是每个人都必须遵守共同的规则,否则人们就无法交际。

2. 语言和言语的区别

语言是全民的、概括的、有限的、静态的系统(知识);言语是个人的、具体的、无限的、动态的现象(话语)。

(1) 语言是抽象的,言语是具体的

语言排除了一切个体差异,是对同一集团所有人所说的话的抽象。言语是运用语言的过程和结果,是具体的。语言学家只能对大量的言语素材进行抽象概括,才会从中发现语言的各种单位和规则。

(2) 语言是静态的,言语是动态的

语言活动得以进行的前提和基础是语言的规则不能经常变动,必须是现存的、约定的，在一定时期内处于静止状态。这种静止是相对的，静中有动，随着社会的变化，语言会出现适应性变化。言语活动总是在说话人和听话人之间展开，从说到听是一个动态的过程：听话人通过语言来接收信息，其间经历了编码、发送、传递、接收、解码几个连续衔接的过程。

(3) 语言具有全民性，言语具有个人性

对社会成员来说，作为相对完整的抽象符号系统，语言是全民的，存在于全体社会成员之中的。言语是个人对语言形式和规则的具体运用，每个人说话都带有许多个人的特点，非常具有个人性。

(4) 语言是有限的，言语是无限的

利用有限的符号及其规则说出无限的话来，这是言语活动的特点。言语就是说话，是一种行为动作及其结果，一个人一生中究竟要说多少话，要写多少东西，这是无法计算的。任何一种语言的句子是无限的，每个人根据交际需要说出的话语的内容是纷繁芜杂、各种各样的。但是，就某一语言而言，词的数量和构词规则是有限的，组词造句的规则也是有限的。

不难看出，语言是一个有限语言单位的集合，它们按照一定规则组织成音义结合的词汇系统和语法系统，人们的一切言语活动在这个系统中运行。而在具体的言语活动中，作为一个行为过程，人们所能说出的话语是无限的，每句话语的长短在理论上也应该是无限的，任何一句话都可以追加成分而使它变得更长。

(四) 第四种观点

索绪尔认为：言语是言语活动中受个人意志支配的部分，它带有个人发音、用词、造句的特点；作为言语活动中的社会部分，语言是一种社会心理现象，是社会成员共有的，不受个人意志的支配；语言不是固定不变的，它始终发展、变化，因为语言符号本身的形式及其所代表事物的符号，随时处于变化发展之中；语言有内部要素和外部要素，语言研究可以分为研究语言与民族、文化、地理、历史等关系的外部语言学，以及研究语言本身结构系统的内部语言学；语言具有极大的持续性，说话者只能被动地接受。

(五) 第五种观点

言语是人们在交际和活动中应用语言的过程和产物。语言包括语音系统、词汇系统、语法系统，是一种符号系统，是人类重要的交际工具，也是正常人赖以思维的工具。语言具有结构性、社会性、个体性、指代性、创造性等基本特征。两者之间的关系见表 2-1。

表 2-1 言语和语言之间的关系

关系	简介
联系	语言离不开言语，任何一种语言都必须通过人们的言语活动才能发挥其交际工具的作用；言语不可能离开语言而存在，离开语言，人就无法表达自己的思想或意见，也就无法进行交际活动
区别	语言是社会生活的客观现象，有一定规则性；同时，语言的语音系统、词汇系统和语法系统是全体社会成员在言语交际中抽象概括出来的，一经产生就有较大的稳定性，随社会的发展而发展
	研究语言的科学是语言学习成绩，而言语活动是心理学的研究对象
	语言是人类重要的交际工具，也是正常人赖以进行思维的工具，它是一种符号系统，它包括语音系统、词汇系统、语法系统
	语言是人们用来交际和思维的工具，言语是运用这一工具进行交际活动的行为表现

(六) 第六种观点

存在于言语中的语言，是从言语中概括出来的，对言语有较强的规范、约束作用，为了使言语被别人们理解，得到社会的认可，顺利完成交际任务，个人的言语必须符合社会约定俗成的语言规则。它们之间的区别是：语言相对稳定，具有"约定俗成"的社会性；言语受客观制约，具有能产性，随着社会的发展和人们不断的言语实践，处在不断的运动发展之中；作为社会约定俗成的工具，语言是具有社会性的工具，言语具有鲜明的个人特色，是个人运用工具的过程和结果。

(七) 第七种观点

语音成分、构词规则等语言系统的结构成分是有限的，然而在具体的言语行为过程中，人们所说的话是无限的。语言是个系统，是言语活动中社会成员约定俗成共同使用的部分，是社会共有的交际工具；言语是人们运用这个工具的过程和结果，除了具有社会因素，还具有个人因素。语言系统是社会共有的交际工具，因而是稳固的，具有相对的静止状态。言语是人们运用语言这种工具进行交际的过程和结果，是自由结合的，具有相对的运动状态。

简单地说，语言是言语活动中同一社会群体共同掌握的、有规律可循而又成系统的那一部分。语言是一个抽象的实体，是从语言实践(speech practice)中抽象出来的全社会约定俗成的均质系统，而在抽象的过程中，就必须把所有的个人要素或个人杂质全排除出去，但言语是很难找到规律的。

(八) 第八种观点

语言体现在言语之中，它们之间是一般与个别的关系。语言是社会现象，言语是个人现象。语言是一种民族语言的词汇系统与语法系统的总和，汉语、英语、日语、德语、西班牙语都是语言；言语是对语言的运用，它既指运用语言的行为，又指运用语言所产生的结果，即说出来的话语。

从以上观点可以看出，语言和言语之间既有区别又有联系，对两者之间关系的研究，可以帮助我们了解语言教学的过程，还可以帮助我们正确地组织教学。学校的语言教学包括两方面：学生一方面学习这门外语；另一方面学会用这种语言讲话。要求学生首先必须掌握他所学习语言的理论知识，其次才是实际的言语习惯和技能。

三、语言技能及其与语言知识的关系

语言是人类分布最广泛、最平均的一种能力。在人的各种智力中，语言智力被列为第一种智力。我们生活在一个有声的语言世界中，语言能力是每个人一生中极为重要的生存能力，语言交流的水平高低就是语商能力的高低。事实表明：

第二章 英语教学面临的困难与阻碍

语言在人的一生都占据着重要地位,是人们发展智力和社交能力的核心因素。

在现代社会,由于经济迅猛发展,人们之间的交往日益频繁,语言技能的重要性也日益增强,它是提高素质、开发潜力的主要途径,是驾驭人生、改造生活、追求事业成功的无价之宝,是通往成功之路的必要途径。

语言技能包括听、说、读、写四个方面的技能以及这四种技能的综合运用能力;基础知识包括语音、词汇、语法。

(一) 英语语言各级技能标准

英语语言各级技能标准见表 2-2 至表 2-10。

表 2-2 语言技能一级目标

技能	目标描述
听做	1.能根据听到的词语识别或指认图片或实物; 2.能听懂课堂简短的指令并做出相应的反应; 3.能根据指令做事情,如:指图片、涂颜色、画图、做动作、做手工等; 4.能在图片和动作的提示下听懂简单的小故事并做出反应
说唱	1.能根据录音模仿说英语; 2.能相互致以简单的问候; 3.能相互交流简单的个人信息,如姓名、年龄等; 4.能表达简单的情感和感觉,如喜欢和不喜欢; 5.能够根据表演猜测意思、说词语; 6.能唱英语儿童歌曲 15~20 首,说歌谣 15~20 首; 7.能根据图、文说出单词或短句
玩演	1.能用英语做游戏并在游戏中用英语进行简单的交际; 2.能做简单的角色表演; 3.能表演英文歌曲及简单的童话剧,如《小红帽》等
读写	1.能看图识字; 2.能在指认物体的前提下认读所学词语; 3.能在图片的帮助下读懂简单的小故事; 4.能正确书写字母和单词
视听	1.能看懂语言简单的英语动画片或程度相当的教学节目; 2.视听时间每学年不少于 10 小时(平均每周 20~25 分钟)

表2-3 语言技能二级目标

技能	目标描述
听	1.能在图片、图像、手势的帮助下，听懂简单的话语或录音材料； 2.能听懂简单的配图小故事； 3.能听懂课堂活动中简单的提问； 4.能听懂常用指令和要求并做出适当反应
说	1.能在口头表达中做到发音清楚、语调达意； 2.能就所熟悉的个人和家庭情况进行简短对话； 3.能运用一些最常用的日常套语(如问候、告别、致谢、致歉等)； 4.能在教师的帮助下讲述简单的小故事
读	1.能认读所学词语； 2.能根据拼读的规律，读出简单的单词； 3.能读懂教材中简短的要求或指令； 4.能看懂贺卡等所表达的简单信息； 5.能借助图片读懂简单的故事或小短文，并养成按意群阅读的习惯； 6.能正确朗读所学故事或短文
写	1.能模仿范例写句子； 2.能写出简单的问候语； 3.能根据要求为图片、实物等写出简短的标题或描述； 4.能基本正确地使用大小写字母和标点符号
玩演视听	1.能按要求用简单的英语做游戏； 2.能在教师的帮助下表演小故事或童话剧； 3.能表演歌谣或简单的诗歌30~40首(含一级要求)； 4.能演唱英文歌曲30~40首(含一级要求)； 5.能看懂英文动画片和程度相当的英语教学节目，每学年不少于10小时(平均每周不少于25分钟)。

表2-4 语言技能三级目标

技能	目标描述
听	1.能识别不同句式的语调，如：陈述句、疑问句和指令等； 2.能根据语调变化，判断句子意义的变化； 3.能辨认歌谣中的韵律； 4.能识别语段中句子间的联系； 5.能听懂学习活动中连续的指令和问题，并做出适当反应； 6.能听懂有关熟悉话题的语段； 7.能借助提示听懂教师讲述的故事

第二章　英语教学面临的困难与阻碍

续表

技能	目标描述
说	1.能在课堂活动中用简短的英语进行交际； 2.能就熟悉的话题进行简单的交流； 3.能在教师的指导下参与简单的游戏和角色扮演活动； 4.能利用所给提示(如图片、幻灯片、实物、文字等)简单描述一件事情； 5.能提供有关个人情况和个人经历的信息； 6.能讲述简单的小故事； 7.能背诵一定数量的英语小诗或歌谣，能唱一些英语歌曲； 8.能在上述口语活动中语音、语调基本正确
读	1.能正确朗读课文； 2.能理解简短的书面指令，并根据要求进行学习活动； 3.能读懂简单故事和短文并抓住大意； 4.能初步使用简单的工具书； 5.除教材外，课外阅读量达到 4 万字以上
写	1.能正确使用常用的标点符号； 2.能使用简单的图表和海报等形式传达信息； 3.能参照范例写出或回复简单的问候卡和邀请卡； 4.能用短语或句子描述系列图片，编写简单的故事

表 2-5　语言技能四级目标

技能	目标描述
听	1.能听懂接近正常语速、熟悉话题的语段，识别主题，获取主要信息； 2.能听懂简单故事的情节发展，理解其中主要人物和事件； 3.能根据连续的指令完成任务； 4.能听懂广播、电视中初级英语教学节目'
说	1.能根据提示给出连贯的简单指令； 2.能引出话题并进行几个回合的交谈； 3.能在教师的帮助下或根据图片用简单的语言描述自己或他人的经历； 4.能在教师的指导下参与角色扮演等活动； 5.能在上述口语活动中使用正确的语音、语调
读	1.能连贯、流畅地朗读课文； 2.读懂说明文等应用文体的材料； 3.从简单的文章中找出有关信息，理解大意； 4.根据上下文猜测生词的意思； 5.理解并解释图表提供的信息； 6.理解简易读物中的事件发生顺序和人物行为； 7.读懂简单的个人信件； 8.使用英汉词典等工具书帮助阅读理解； 9.除教材外，课外阅读量应累计达到 10 万字以上
写	1.能正确使用标点符号； 2.能用词组或简单句为自己创作的图片写出说明； 3.能写出简短的文段，如简单的指令、规则； 4.能在教师的帮助下或以小组讨论的方式起草和修改作文

表 2-6　语言技能五级目标

技能	目标描述
听	1.能根据语调和重音理解说话者的意图； 2.能听懂有关熟悉话题的谈话，并能从中提取信息和观点； 3.能借助语境克服生词障碍，理解大意； 4.能听懂接近正常语速的故事和记叙文。理解故事的因果关系； 5.能在听的过程中用适当方式做出反应； 6.能针对所听语段的内容记录简单信息
说	1.能就简单的话题提供信息，表达简单的观点和意见，参与讨论； 2.能与他人沟通信息，合作完成任务； 3.能在口头表达中进行适当的自我修正； 4.能有效地询问信息和请求帮助； 5.能根据话题进行情景对话； 6.能用英语表演短剧； 7.能在以上口语活动中语音、语调自然，语气恰当
读	1.能根据上下文和构词法推断、理解生词的含义； 2.能理解段落中各句子之间的逻辑关系； 3.能找出文章中的主题，理解故事的情节，预测故事情节的发展和可能的结局； 4.能读懂常见体裁的阅读材料； 5.能根据不同的阅读目的运用简单的阅读策略获取信息； 6.能利用字典等工具书进行学习； 7.除教材外，课外阅读量应累计达到 15 万字以上
写	1.能根据写作要求，收集、准备素材； 2.能独立起草短文、短信等，并在教师的指导下进行修改； 3.能使用常见的连接词表示顺序和逻辑关系； 4.能简单描述人物或事件； 5.能根据所给图示或表格写出简单的段落或操作说明

表 2-7　语言技能六级目标

技能	目标描述
听	1.能抓住所听语段中的关键词，理解句子之间的逻辑关系； 2.能从听力材料、简单演讲或讨论中提取信息和观点； 3.能听懂正常语速的故事或记叙文，了解其中主要人物和事件以及他们之间的关系； 4.能听懂日常的要求和指令，并能根据要求和指令完成任务

第二章 英语教学面临的困难与阻碍

续表

技能	目标描述
说	1.能传递信息并就熟悉的话题表达看法； 2.能通过重复、举例、解释等方式澄清意思； 3.能有条理地描述个人体验和表达个人的见解和想象； 4.能用恰当方式在特定场合中表达态度(attitude)和意愿； 5.能使用恰当的语调、语气和节奏表达自己的意图
读	1.能从一般文字资料中获取主要信息和观点； 2.能利用上下文和句子结构猜测词义； 3.能根据上下文线索推理、预测故事情节的发展； 4.能根据阅读目的确定不同的阅读策略； 5.能通过不同信息渠道查找所需信息； 6.除教材外，课外阅读量应累计达到20万字以上
写	1.能用恰当的格式写便条和简单的信函； 2.能描述简单的人物或事件，并表达自己的见解； 3.能以小组为单位把课文改编成短剧； 4.能用恰当的语言书写不同的问候卡； 5.能给朋友、笔友写信，交流信息和情感

表2-8 语言技能七级目标

技能	目标描述
听	1.能识别语段中的重要信息并进行简单的推断； 2.能根据所听的内容做笔记； 3.能根据话语中的线索把相关事实和信息联系起来； 4.能听懂故事中对人和物的描写、情节的发展和结果
说	1.能用英语进行语言实践活动； 2.能根据命题，稍做准备后，做简短的发言； 3.能针对问题提出解决问题的建议和办法； 4.能就一般话题做口头陈述； 5.能对询问和要求做出恰当的反应
读	1.能从文章中获取主要信息并能摘录要点； 2.能理解文章主旨、作者意图； 3.能提取、筛选和重新组织简单文章中的信息； 4.能利用上下文的线索帮助理解； 5.能理解和欣赏一些浅显的经典英语诗歌； 6.除教材外，课外阅读量应累计达到30万字以上

续表

技能	目标描述
写	1.能用文字及图表提供信息并进行简单描述； 2.能写出常见体裁的短文，如报告或信函； 3.能描述人物或事件，并表达自己的见解； 4.能填写有关个人情况的表格，如申请表、求职表； 5.能做简单的书面翻译

表 2-9　语言技能八级目标

技能	目标描述
听	1.能识别不同语气所表达的不同态度； 2.能听懂有关熟悉话题的讨论和谈话并记住要点； 3.能抓住简单语段中的观点； 4.能基本听懂广播、电视英语新闻的主题或大意； 5.能听懂委婉的建议、劝告等
说	1.能使用恰当的语调和节奏； 2.能根据学习任务进行商讨和制订计划； 3.能报告实验和调查研究的过程和结果； 4.能经过准备就一般话题做 3 分钟演讲； 5.能在日常人际交往中有效地使用语言进行表达，如发表意见、进行判断、责备、投诉等； 6.能做一般的生活翻译，如带外宾购物、游览等
读	1.能理解阅读材料中不同的观点和态度； 2.能识别不同文体的特征； 3.能通过分析句子结构理解难句和长句； 4.能在教师的帮助下欣赏浅显的文学作品； 5.能根据学习任务的需要从电子读物或网络中获取信息并进行加工处理； 6.除教材外，课外阅读量应累计达到 36 万字以上
写	1.能写出连贯且结构完整的短文，叙述事情或表达观点和态度； 2.能根据课文写摘要； 3.能在写作中做到文体规范、语句通顺； 4.能根据文字及图表提供的信息写短文或报告

表 2-10　语言技能九级目标

技能	目标描述
听	1.能听懂有关熟悉话题的演讲、讨论、辩论和报告； 2.能听懂国内外一般的英语新闻广播及天气预报； 3.能抓住较长发言的内容要点，理解讲话人的观点及目的； 4.能从言谈中判断对方的态度(attitude)、喜恶、立场； 5.能理解一般的幽默； 6.能在听的过程中克服一般性的噪音干扰
说	1.能就国内外普遍关心的问题如环保、人口、和平与发展等用英语交谈，表明自己的态度(attitude)和观点； 2.能把握交谈时的分寸，会用客套语，会提出问题.会结束谈话； 3.能经过准备就一些专题做 5~10 分钟演讲并回答有关提问； 4.能用英语接受面试； 5.能做一般性口头翻译； 6.能在交际中恰当地表达自己的情感； 7.能对交际中产生的误会加以澄清或解释
读	1.能阅读一般的英文报纸杂志，获取主要信息； 2.阅读一般英文原著，抓住主要情节，了解主要人物； 3.能读懂各种商品的说明书等非专业技术性的资料； 4.能根据情景及上下文猜测不熟悉的语言现象； 5.能使用多种参考资料和工具书解决较复杂的语言疑难； 6.有广泛的阅读兴趣及良好的阅读习惯； 7.能有效地利用网络等媒体获取和处理信息
写	1.能用英文书写摘要、报告、通知、公务信函等； 2.能比较详细和生动地用英语描述情景、态度(attitude)或感情； 3.能阐述自己的观点，评述他人的观点，文体恰当、用词准确； 4.能在写作中恰当地处理引用的资料及他人的原话； 5.能填写各种表格，写个人简历和申请书，用语基本正确、得当； 6.能做非专业性的笔头翻译； 7.在以上写作过程中做到文字通顺，格式正确

(二) 英语语言技能与语言知识之间的关系

英语学科教学中的语言技能与语言知识之间的关系问题，既是一个外语教育的理论问题,也是一个外语教育的实践问题。它直接关系到英语教学如何实施。我们只有在坚持科学的语言哲学观的前提下,在科学的话语系统内理性对话,才能正确回答这个问题。

两者之间的关系是:语言技能属于语言实践行为,是第一位的,是语言知识产生和发展的前提;语言知识规范和监察语言的运用,是对语言运用的理性认识,是第二位的,是对语言实践规律的高度概括与抽象。

只有正确理解和处理两者之间的关系,才能科学地进行英语教学,促进学生的发展,取得较好的教学效果。

四、影响英语学习的因素

英语学习过程非常复杂,影响因素众多。这些因素所起的作用直接影响着学习者的英语学习成绩。英语教育工作者要意识到这些差异与英语学习的关系,并要注意英语教学的策略,尽到英语教育工作者应尽的责任,并和学生家长结合起来,因材施教,适应差异,搞好英语教育教学工作。

(一) 学习态度

个人的学习态度会对英语学习效果产生非常大的影响:积极的态度激励语言学习,消极的态度阻碍语言学习;学习态度直接影响个人学习的投入程度,消极被动的学习者,其学习投入程度较低,参与学习的积极性较小,心理压力较大,学习效果较差;在课堂上,如果师生能够相互尊重与坦诚交流,就能建立新型的师生关系,师生之间的心理距离较小,学生学得生动活泼,学习效率就能大幅提高;积极的学习态度能增强学生的抗挫力,有效提高学习效率。

个人的学习态度包括对语言教师的态度、对语言文化的态度、对学习成就的态度等。英语学习的影响因素都有可能成为态度的对象。

第二章　英语教学面临的困难与阻碍

1. 对语言教师的态度

学生对待语言教师在态度上的不认同乃至消极的态度，都会影响语言的学习。学生不喜欢的教师，大都没有爱心，上课时没有激情、照本宣科，与学生之间没有较好的互动，行事简单、粗暴，口语不好，口音极重等。学生喜欢的教师，大都品行端正，待人友善，讲课生动、活泼，无不良嗜好，能够与学生保持良好的互动等。

教师素质是学科建设发展的关键，也是英语教学改革成功与否的关键。因此，教师要充分分析学习者的态度问题，创造一个"积极的亲近目标语的态度"氛围，这是对教师积极态度的基础条件和现实前提。一方面，在为人师表层面，教师要转变对学生的态度，对每一个学生都要平等、尊重，争取成为学生的良师益友；另一方面，要继续加强培训和培养英语教师，以促进教师不断提高教学方法与学术水平，从而积极地影响学习者正确调整学习态度。

2. 对语言文化的态度

学习者的学习动力很大程度上受到对第二语言本族人的态度的影响。如果学习者持肯定态度，会有很大的学习动力，也会取得较好的学习成绩。

3. 对学习成就的态度

实际上，如果能从学习成就或学习进步中获得满足，一个学习者就能提高自己的学习信心。如果学生自我效能感较差，即对学习目标没信心，自我认同度不高，不满意自己的学习方法，不满意自己的学习成绩，对学习效果缺乏自信或预期定位不准，就会直接影响学习动机。

（二）语言学能

1981年，Carroll把学能定义为"完成某项学习任务的能力"，其认为语言学能分为语法敏感性、死记硬背能力、语音译码能力、语言归纳能力四个方面。实际上，语言学能明显与语言学习效果正相关，即一个人的语言学能越高，他取得的学习成绩就会越好。

(三) 学习方式

学习方式对学习结果有着决定性的影响，是教学过程的基本变量，是一个组合概念，是学生在合作性、探究性和自主性的基本特征，反映学生完成认知任务的思维水平。要想全面提高学生素质，就要帮助其找到合适的学习方式，以深层次的认知和积极的情感体验参与学习。学生可以采用表 2-11 所示的学习方式，发挥主体作用、提高自身能力。

表 2-11 英语学习方式

学习方式	简介
自主式	以培养学生独立能力为出发点，让学生在内在学习动机的需求下进行学习，给学生足够自主的空间、足够活动的机会。使用自主式学习方式，学习更加积极主动，兴趣自然得到提高
体验式	通过实践来认识周围的事物。使用体验式学习方式，教师只要适当引导，学生在就不会感到枯燥，还会把各种感官都应用到学习过程中来，这样可以保证具有各种记忆和思维类型的学生都能积极地感知教材，使学生自然进入角色
探究式	指在教学过程中创设一种类似科学研究的情境或途径，让学生通过主动的探索、发现和体验，学会对大量的信息进行收集、分析、判断，从而增进思考力和创造力
网络式	即通过网络技术进行学习，有助于拓展学生的学习视野；构建丰富的、反思性的学习情境，为学生的自由探索创造更多的机会；实现学习资源的合理整合，为学生的学习提供丰富的选择余地，增强学习的主体性；有助于模拟现实中难以实现的实验，培养学生实际操作的能力
合作式	互助学习的一种，目的是培养学生的合作意识和团队精神。它能有效转化和消除过度的学习压力，有助于引导学生在学习中进行积极的沟通，形成学习的责任感，培养合作的精神和相互支持、配合的良好品质
实践式	实践活动既是认识的源泉，又是思维发展的基础，学生学习知识的获取、学习技能的培养、学习素质的提高，无不是在实践中得以实现的。使用实践式学习方式，学生能够将书本上他人的认识成果转化为自己的东西，转化为理解的和能够运用的东西

第二章 英语教学面临的困难与阻碍

(四) 学习动机

英语学习动机是人类行为学习的动机之一,是内部直接推动英语学习的动因,是学习者学习英语的积极性与自觉能动性的心理状态之一。每个学习者的学习动机、动机强度不尽相同,他们对英语学习成败的归因也不尽相同,某调查实例见图 2-1 至图 2-5。

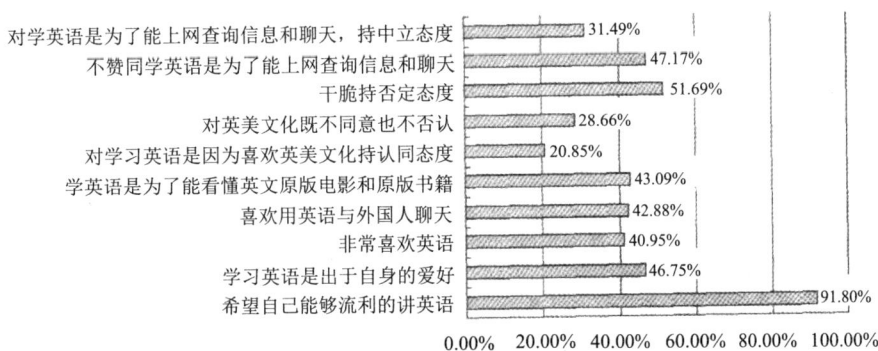

图 2-1 深层动机

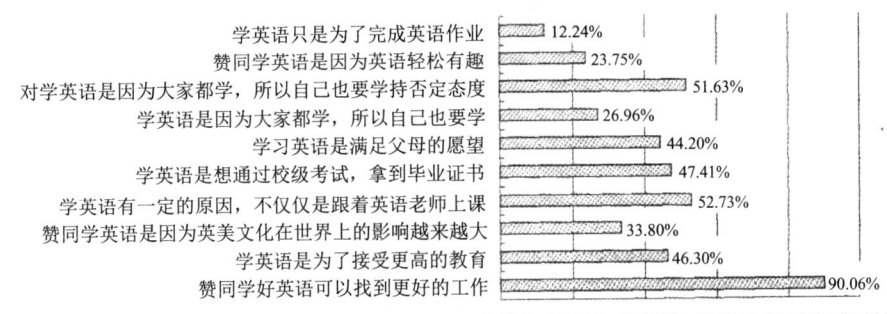

图 2-2 表层动机

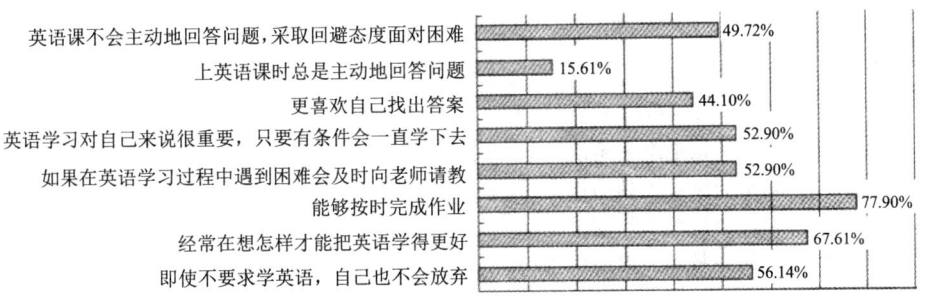

图 2-3 动机强度

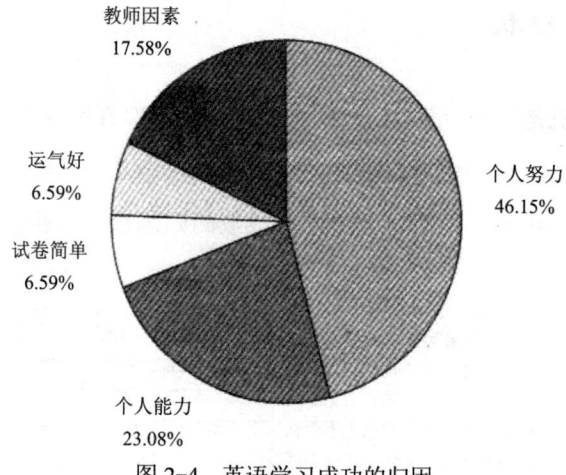

图 2-4 英语学习成功的归因

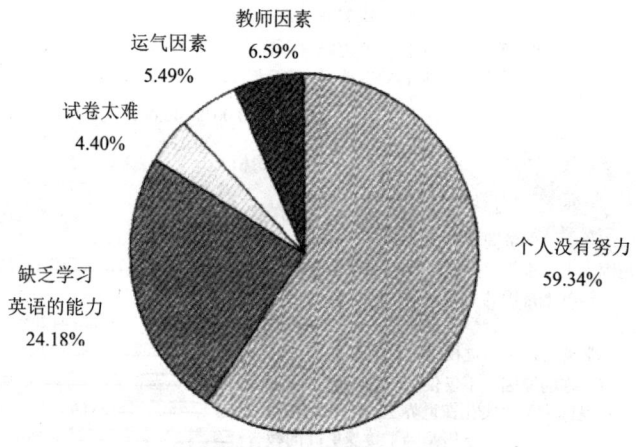

图 2-5 英语学习失败的归因

英语学习动机是一种广泛的社会性动机。学习英语时，有动机的学生，能够取得较好的学习效果。不同的社会和教育对英语学习者的学习要求不同，反映在英语学习者头脑中的英语学习动机也不同。

英语教师在教学过程中，应针对不同英语学习动机的类型，适应差异，因材施教，摸索合适的教学方法。分步学习便是程序化教学的反对者所用的主要方法，学习者都能用同一个教程，但速度不同。另有一些使教学多样化的方法，是让学生选择自己的阅读写作作业和不同类型的阅读练习，要求学生做概括或详尽的回答。

(五) 人格因素

Ellis 将人格分为外向或内向、冒险性、模糊含义的宽容性、移情、自信和抑制六个方面。

外向和内向是反映人格特征最重要的方面。在英语学习中，外向型学习者通常不怕出错、积极参与，口语能力、语言交际能力较强。其实，内向型学习者成绩不一定不好，外向型学习者成绩也不一定突出。英语学习优秀者既有外向型也有内向型，究竟哪种人格类型更适合学习英语，至今尚无定论。

第二节 高校学生英语学习中的内部阻碍

本节主要从高校学生的英语学习态度和高校学生英语学习的心理动机两个方面研究高校学生英语学习中的内部阻碍。

一、高校学生的英语学习态度

语言态度可以表明人们对于操这种语言的人的看法和热爱程度，指的是不同语言或语言变体的说话者，对自己的语言或他人的语言所持有的看法与观点，很明显，对语言表示的消极或积极能够反映出人们学习的难易性、语言品位等。

实质上，语言学界所研究的态度指的是语言学习态度。学习态度是个人对学习所有的一种内在的心理准备状态，一般指其学习时表现出来的消极、否定的或者积极、肯定的等比较稳定的心理倾向。学习态度一旦形成，在特定时间内会保持稳定的倾向。

由表 2-12 可以看出,高校学生的学习主要有以下两个特点:学习没有计划性，盲目学习；学习缺乏自觉性和自控能力。

表2-12 对英语学习情况的调查统计(%)

题号	单选题	A.肯定	B.有时	C.否定
1	你在学习中对所学的内容注重记忆吗	28%	43%	29%
2	你认为自己的英语基础好吗	29%	38%	33%
3	你经常阅读英语参考书和课外读物吗	20%	38%	42%
4	你经常参加英语协会组织的活动吗	5%	50%	45%
5	你对学英语的兴趣是	A.很大 40%	B.一般 52%	C.无兴趣 8%
6	你英语学习的过程是	A.能较好地自我管理和主动学习,不受他人或环境的影响 55%	B.在教师、辅导员的要求和督促管理下才能较好地学习 19%	C.控制不住自己,容易受他人和环境的影响 26%
7	你的学习紧张程度是	A.很紧张 15%	B.一般 78%	C.不紧张(其他) 7%
8	你完成英语作业的情况是	A.及时完成 65%	B.有拖拉现象 28%	C.不会、不做(其他) 7%
9	你对英语课时满意吗	A.满意 26%	B.应增加一些 60%	C.不满意 4%
10	你对英语成绩满意吗	A.想再提高 53%	B.满意 22%	C.不满意 25%

高校学生的英语学习在认识过程、情感过程和意志过程,即知、情、意三个方面都存在着一定的问题,主要表现为表2-13所示13种心理态度。

表2-13 高校学生的英语学习态度

态度	简介
浮躁	没有养成良好的学习习惯,缺乏刻苦学习精神,学习浮躁,只知毛皮,便不求进取
矛盾	曾下决心要努力学习,由于短期内没有达到预期效果,便丧失继续进取的信心,形成了想学好又怕吃苦的矛盾心理
迟钝	思维迟钝,接受新知识缓慢,学习方法死板,力不从心,被动应付,每天都被教师牵着鼻子艰难行走,结果仍是收效甚微

第二章　英语教学面临的困难与阻碍

续表

态度	简介
害羞	遇到问题羞于向老师提问；在英语口语交际中怕读错、怕说错，因而不愿意开口
功利	只追求通过考试取得证书，学习处于被动状态，是迫不得已。在这种功利心理支配下，学生一旦通过考试，就没有继续学习英语的愿望，而经过两三次考级失败的高职生，则会认为再怎么学英语也无法通过，因而也放弃了努力
畏难	缺乏刻苦攻读、认真钻研的精神，遇到困难或受挫，便会夸大难度，贬低自己克服困难的能力，萌发放弃学习英语的念头，丧失了学习英语的信心
应付	存在"当一天和尚撞一天钟"的应付依赖心理，没有形成良好的英语学习习惯，平时不完成作业或抄袭他人作业，考试之前搞突击，甚至设法作弊
自卑	英语学习中的自卑心理一般表现为对自己学习能力的怀疑和否定，直接影响了学习动机和意志，产生畏缩不前、消极被动的心理，他过多注意自己的弱点，总认为自己不能学好英语，缺乏学好英语的信心
焦虑	英语学习焦虑是指人们在学习和使用第二语言中常有的紧张、担忧、害怕等情绪体验和担忧的状态。适度的焦虑有助于激发学习者的动机，取得良好的学习效果。焦虑水平过高会使人过度紧张、担心，从而极大地束缚人的认知能力；过低又会使对学习持无所谓态度，缺乏学习热情和责任心
逆反	教师对学生缺乏必要的了解和关心，不尊重学生自尊心，或者由于教师不能公正地处理某些事造成学生的心理创伤，使他们对老师恐惧、厌恶，在此基础上产生反抗心理和反抗行为，进而对英语学习产生"反感"
厌学	这类学生大都缺乏学习主动性，意志不坚强，懒惰散漫，自暴自弃。由于英语基础较差，而老师和家长又没有及时给予他们劝慰和鼓励，反而施加更大压力，在英语上得不到成功感，于是便讨厌学英语
骄傲	英语学习伊始，由于知识比较简单，学习兴趣浓厚，成绩比较好，容易得到老师的表扬，产生骄傲轻视的心理。随着知识难度不断加大，成绩不大理想，得不到老师的表扬时，有"失宠"之感，就失去了学习兴趣
内敛	性格内向、孤僻，不善言辞，虽然情绪比较稳定，学习比较刻苦，但不愿开口说，听力和口语成绩不佳，影响了英语综合素质的提高

二、高校学生英语学习的心理动机

英语学习动机是直接推动英语学习的内部动因，表现为学习英语的求知欲与愿望。学生的学习动机由学习需要、学习习惯、学习态度等各种心理动力因素构成的完整的动力系统。概括地说,学习的内在需要和外在诱因是构成学习动机的基本要素。学习动机具有启动、维持学习活动的功能,指向学习目的的功能,调节、强化学习行为的功能。

英语学习动机从社会语言学的角度分为融入型动机和工具型动机,从起作用因素的角度分为外在动机与内在动机,从动力作用强度的角度分为辅助性动机与主导性动机,从与学习活动本身有无直接联系的角度分为远景性动机和近景性动机,见表2-14。

表2-14 融入型动机和工具型动机

动机	简介
融入型动机	指个人学习外语时对语言本身产生了强烈的兴趣,并希望可以融入所学语言的文化。执有融入型动机的人学习外语时能体会到乐趣,不觉枯燥厌烦,更易于掌握外语
工具型动机	学习者希望通过利用第二语言达到自己的目标,侧重"学习一门新的语言的实际价值和好处。"强调学习英语的某些实际目的,而没有要和英语社团进行交际的特殊目的的需要。主要特点是无持久性、有选择性,如为阅读科技文献、做资料翻译、为找某些特殊的工作等而学英语。一旦学习者认为工具的目的已经达到,动机便立刻消失
外在动机	英语学习者受到外力推动,不是主观因素在起作用。这种动机受外在诱因的影响,随着外部条件的变化而变化,如果得不到及时有效的调节,则有可能表现为患得患失,影响学习效果
内在动机	英语学习者内部因素在起作用。这种动机由学习者对学习的需要、兴趣、愿望、好奇心、求知欲、理想、信念、人生观、价值观,及其自尊心、自信心、责任感、义务感、成就感和荣誉感等内在因素转化而来的,具有更大的积极性、自觉性和主动性,对学习活动有着更大、更为持久的影响
辅助性动机	起着次要、从属和辅助性作用。一般某个学年段可以有若干个
主导性动机	动力强,起主导性作用,随着学生的成长而变化。一般某个学年段只有一个
远景性动机	与学习活动本身没直接联系,具有间接性特点。它强调学习活动的结果和价值,与英语学习的社会意义相联系。它有力地影响着学生英语学习的自觉性和主动性。这类动机与比较长远的活动结果相联系,其稳定性强,不易动摇,能在较长时间内起作用

续表

动机	简介
近景性动机	与学习活动有直接联系，具有直接性特点，主要由学习活动本身直接引起，主要表现为对英语学科内容或学习活动的直接兴趣，是由学习者在学习过程中获得的体验和结果引起的。这类动机主要由好奇和认知的需要引起，比较具体、强烈而有效，动力作用具有暂时性和不稳定性的特点

第三节　高校学生英语学习中的外部阻碍

我国高等教育的发展取得了长足的进步，但同时也存在许多问题，高等教育中的英语教学问题表现得尤为突出，有很多方面值得我们探讨、改进和提高。

一、教学环境的问题

从教学论的角度来看，教学环境是教学活动必须凭借的一个重要因素。在教学实践中，教学环境对教学活动的顺利进行，对学生身心的健康发展都有极其重要的影响。深入了解教学环境这一重要教学因素在教学活动中的功能和作用，以及它影响学生身心发展的内在机制，有助于我们更好地探索教育规律，提高教学质量。

教学环境是一个由多种要素构成的复杂的整体系统，它对学生学习过程中的认知、情感和行为产生着潜在的影响，对教学活动的进程和效果施加系统干预。可以说，教学环境的优劣在某种程度上决定着教学活动的成效。为了最大限度地发挥教学环境的正向功能和降低其负向功能，实现教学环境的最优化，就必须对教学环境进行必要的调节控制。

当前，英语教学环境主要存在如下几个问题。

(一)高等院校英语教学物理环境不足

1. 缺乏完善的英语教学设施

课堂教学广泛应用了多媒体技术、网络技术，活跃了教学气氛，但是硬件设施老化及数量短缺等问题依然存在。高院扩招以后，教学设施不足的问题更加突出，主要是教室数量严重不足，尤其是多媒体教室数量更少，设备陈旧，容量有限。英语教学质量受到这些因素的严重影响。

2. 空间环境安排不合理

(1) 课时偏少，学生学习周期较短

现在的大学英语教学课时少，学生学习周期较短，即使是降低教学要求，删减教学内容，也不能完成教材中最基本的英语技巧学习和一般性课文的讲解和实训要求。课时偏少的情况往往造成对课程学习的虎头蛇尾，随着课程的结束，学生的听说读写译的学习也就此为止。

(2) 课堂活动时间不合理

例如，设计活动时考虑不周全；教师没有很好地控制教学节奏；活动目标定得太高；没有充分利用教师的群体力量；没有开展形式多样、内容丰富多彩的课外活动；没有充分利用外教资源；没有实行"走出去，请进来"的方式；没有利用传媒及多媒体来丰富学生的第二课堂语言环境；没有优化校园英语环境；没有创设课堂英语环境；课外没有注重丰富英语知识和提高英语自主学习能力环境的创设。

(二)高等院校英语教学心理环境不足

1. 学风的问题

良好的学风是学校宝贵的财富，是提高教学质量、培养合格人才的重要保证，是衡量育人环境的重要标志。考察一所学校的校风，一般从教与学两个方面，即教风和学风。它们构成了一所学校校风的核心内容，教风在学风建设中起着基础性的重要作用。

优良学风是优良教风的必然要求与最终结果，没有好的教风，学风建设就会成为一句空话，教学质量也就没法保证。

当前，高校学生存在的学风问题主要有上课迟到、旷课、抄袭、考试作弊等。

2．英语课堂教学的问题

课堂环境如何，对于激发学生的学习兴趣影响极大。目前，高校英语课堂教学气氛不够和谐，主要原因是：教师没有更新教育观念，没有转变教师角色，没有学习现代英语教学理论，没有调整教学方法，没有优化英语教学。教师平时课堂教学没有全心投入，没有洋溢出教者的热情，仪态不洒脱，精神不饱满，表情不轻松愉快，目光中不能给予学生亲切、和蔼的感觉，不能让学生本来较为紧张的心情得以舒缓，不能激发学生的学习热情，增强他们的自信心，达不到预期的教学效果。

实际上，英语教师应当吸收先进教学方法，帮助学生克服阻碍英语学习的消极因素，创造轻松、愉快的课堂学习环境，引导学生学好英语。

(三) 教学环境优化的策略

对教学环境的优化，应当采取表 2-15 所示 5 个策略。

表 2-15 教学环境优化的策略

策略	简介
协同特性策略	在调控优化教学环境的过程中，环境控制者可以通过协同或突出环境的某些特性，有意形成某种特定的环境条件来影响教学活动及师生的行为，以达到预期的目的
协同转释策略	在调节控制教学环境的过程中，要对存在于教学环境中的各种信息进行一定的选择转化处理，实现信息优控，使信息成为促进学生健康发展的积极因素
整体协调策略	在教学环境的调节控制过程中，无论学校领导还是教师，都要有全局观念，要从整体上对教学环境的各个方面进行规划调整，以便把各种环境因素有机地协调为一个整体
自控自理协同策略	教育者不仅自己要重视调节控制教学环境，而且要重视学生在调节控制教学环境方面的作用，培养学生自控自理环境的能力，使学生自己学会控制和管理教学环境
协同优势策略	在教学环境的调控优化过程中，要充分协同学校已有的有利环境条件，为教学活动创造一个良好的环境

（四）教学环境优化的原则

对教学环境的优化，需要遵循表2-16所示的3个原则。

表2-16 教学环境优化的原则

原则	含义
注重实用性原则	创建良好的教学环境并不意味着刻意追求豪华的设施和讲究排场，其主要目的是更好地服务于教学。因此，教学环境建设应立足本地本校实际，不能脱离教学实际需要和自身经济能力去追求物质条件的丰裕和环境外表的完美
注重科学性原则	教学环境的建设和美化要符合学生身心发展的特点和教学规律，要遵循生理学、心理学、教育学、学校建筑学、学校卫生学、教育社会学、教育美学、学校德育的基本原理，要通过科学合理的调控优化，使教学环境真正成为科学和艺术的统一体
注重教育性原则	教学环境的一切设计、装饰和布置都必须有利于启迪学生的思想，陶冶学生的情操，激励学生向上，必须充分体现各种环境因素的正面教育意义

二、教师队伍和教学方面的问题

在我国，提高英语教师的整体素质是提高英语教学质量的关键。

随着我国高等教育的发展，高校学生数量剧增，教师队伍的整体状况与当今高等教育迅速发展的现实以及深化改革与健康持续发展的要求存在较大差距，主要体现在以下几个方面：教师学历偏低；师资队伍不健全；教师队伍结构不尽合理；教师科研、创新意识不强；双师型师资队伍不足；缺乏师资配备；教师队伍的综合业务水平较低；教师队伍来源单一；英语课堂教学质量较差；教师教学任务繁重；英语教师队伍建设不能满足现代教育的需求。

教师教学方面的问题。第一，由于受到传统教学观念的影响，很多高校教师在上课时用大量时间讲解词汇、分析语法、介绍翻译方法等，教学方法单一，忽略学生的语言实践和自主学习，导致课堂气氛沉闷，学生学习兴趣索然，教学效果较差。第二，教师职业责任感的缺乏和教学水平的差异导致其教学时没有耐心，不能恰当地确定教学方法,也做不到循循善诱,最终有可能使学生产生反感、厌学的情绪。第三,很多大学教师认为学生已经成人,具有较强的自学能力和独立的思想意识,不需要加强管理,上课下课来去匆匆,很少与学生进行情感交流,师生关系冷淡,学生很容易产生消极被动的学习态度。

三、教学理念的问题

教学理念是对认识的集中体现,是人们从事教学活动的信念,是人们对教学活动的看法和持有的基本的态度和观念。目前,我国英语教学理念存在表 2-17 所示七大问题。

表 2-17 英语教学理念存在的问题

问题	简介
学科层面的问题	教师在关注学生进步和发展方面有欠缺,一是没有"对象"意识,二是没有"全人"的概念
理论层面的问题	教师对教学理论缺乏各种反思,不能在实践中检验教学理论的各种元素,同时,对发展了的教学理论,教师缺乏重新认识,往往沿袭以往的理论思想,故步自封,不能给学生搭建有利于能力和素质提升的平台和空间
操作层面的问题	教师的教学核心观是"仓库理论""填鸭式教学",把学生当成"容器",一味地灌输,教和学不能合一,没有把学生看作一个发展的人,不能促进学生的和谐发展,不能把学生引向成功
没有建立"以能力为中心"的教育质量观	传统教学是由老师单向灌输知识,以考试分数作为衡量教育成果的唯一标准,教师注重学生在课堂教学中接受现成的知识和结论。这种"守成性"教育严重影响了对学生创新精神和创新能力的培养
教学理念滞后	从教学内容上仍然以课本为主,没有依据就业市场的变化形势进行有效的调整,没有以学生的发展为教学根本,对学生学习心理、认知规律、学习中的薄弱环节等缺乏深入的调查研究,不能给学生提供自我评价、学习策略训练等方面的有效指导
没有充分体现大学英语学习的研究性、探究性与合作性	没有通过有效的课程设计以及网络多媒体的辅助,实现学习内容的综合性与开放性、学习形式的探究性、学习手段的技术性、学习过程的自主性与合作性、学习评价的多元性与社会性、学习成果的创新性和知识的自我建构性等
没有建立"以学生为中心"的主体观	在整个教学过程中,教学基本以教师单一传授为主,教学方法多采用传统的讲授法,教学内容也比较偏重语法和阅读

四、教学内容体系的问题

目前,我国高校英语教学内容体系主要存在表 2-18 所示三大问题。

表 2-18 教学内容体系的问题

问题	简介
教材选取不当,教学内容滞后	从功能上来看,教材是为一定育人目标服务的师生之间的中介。教材是实现教育目标的重要手段,是教学内容和方法的知识载体。教材的好坏直接影响着教学效果的优劣。目前国内缺乏成熟的系列化专业英语教材。专业英语教材的内容大多来自国外原版教材及某些外文刊物,内容单调陈旧,而且有些文章偏难、脱离实际需要,难以保证教材质量。此外,缺乏教学辅助材料,特别是练习使用的磁带、录像带等
教学内容专业特色不突出	传统英语教学模式下的毕业生走上工作岗位后在英语应用方面仍表现出严重的不适应,因此突出实用性、应用性的英语教学才符合人才培养的目标。学生在校期间要不断提高其实际从事涉外交际活动和满足工作需求的英语应用能力
教学内容缺乏针对性	教材内容偏于基础理论,缺乏实用性和针对性,直接降低了高职英语的教学效率

第三章 英语教学中的要素分析

第一节 英语学习中的学习者

一、学习者的认知发展特征

学习者分析是教学设计的前提，主要是对学习者认知特征、学习风格、学习方式进行分析。人的认知能力是指人获得知识和解决问题的行为能力。认知能力的发展呈现出随着时间的变化而变化的趋势，即不同年龄阶段，人所表现出来的认知水平不同，接收信息、处理信息的能力不同，解决问题的能力和方式不同，对语言学习活动的要求自然也就不同。

语言教学以学生的语言认知能力的发展、语言运用能力的发展、综合素质的发展为目标，只有教学设计符合学生的认知发展规律，教学设计的实施才能有效。因此，学习者的认知发展特征的分析是教学设计中必须首要分析的要素之一。

（一）认知的年龄特点

根据皮亚杰(Jean Piaget)的儿童认知发展理论，儿童认知发展过程可划分为四个阶段，即感知运动阶段(0~2岁)、前运算阶段(2~7岁)、具体运算阶段(7~11岁)、形式运算阶段(11~15岁)四个阶段，每个阶段的认知表现都不同：

中小学生的认知发展处在具体运算到形式运算的发展阶段。在具体运算阶段，儿童虽然具备了简单的逻辑推理能力，克服了思维中的自我中心性，但是其思维活动依旧局限于具体的事物以及过去的经验，缺乏抽象性，难以理解数学问题、物理问题以及社会问题。在形式运算阶段，人的思维已能摆脱具体事物的束缚，把内容与形式区分开来，能够设定和检验假设，能够监控和内省自己的思维活动，思维具有抽象性。此阶段中学习者可以理解反映分类、序列等内化心理操作的命题之间的各种逻辑关系，并可以通过假设来进行推理。

鉴于策略在学生自主能力发展中的重要作用，认知策略的学习被纳入教学设计的必要组成部分。但是，研究发现，只有当认知策略的内容确实能与某个年龄阶段儿童的心理能力相协调时，儿童才能真正从这种策略学习中受益，否则不仅不能促进儿童的认知发展，还会对认知发展造成不同程度的阻碍。因此，了解不同年龄段学习者的认知特点是特别重要的。

(二) 记忆的年龄特点

记忆是人脑保持信息和再现信息的心理过程，包含着不同的心理操作，如感觉登记、编码、存贮、提取等，是学习的必要条件。记忆分瞬时记忆、短时记忆和长时记忆。短时记忆的容量只有 7 ± 2 个刺激单位，信息保持时间一般是几秒钟。在短时记忆中贮存的信息经过编码、复述并与个体过去经验建立意义联系之后转入长时记忆系统，从而形成永久记忆。

记忆表现为再认和再现。当需要解决的任务难度提高时，个体的再认能力表现出随年龄的增长而提高的趋势。当所呈现的信息与生活中的经验一致时，儿童可以表现出良好的再认能力；当所面临的情景在生活中很少见时，儿童的再认能力就会表现出明显的劣势。相对说来，成人的再认能力表现突出。

一般说来，个体再现能力随着年龄的增长而提高，再现时对外在线索的依赖性越来越小。研究发现，动觉映象对促进记忆的效果具有明显的作用。如果在记忆时能将所记内容用形体表演出来，则回忆水平会明显提高，而年龄的差异可以消除。

儿童自由回忆成绩随着年龄的增长而增长，而记忆能力的增长与记忆过程和策略运用有关。

儿童认知能力随着其对解决问题规则的不断掌握而发展。而儿童对环境事件进行表征及编码的能力是导致其学习能力发展的主要原因,如果学习者对所面临的情景不熟悉,或者对有关信息进行加工的能力有限,在运用规则方面就会出现倒退现象。

(三) 元认知发展特征

元认知是指人类对其自身认知活动的认知,即认知主体对自己的认知加工过程的监测与调控。人们对于元认知的构成有着不同的看法。一般认为,元认知由元认知知识、元认知体验和元认知监控三部分构成。元认知知识包括关于认知主体的知识、关于认知任务的知识和关于认知策略的知识。学习者是认知的主体,对自己学习风格、多元智能、个性特征以及语言基础等方面的了解是每个学习者必须具备的元认知知识。要完成任务,学习者必须了解任务的目的、要求,必须了解完成任务所必须具备的资料、策略和操作。如果不具备应有的认知策略,则难以顺利完成认知的任务。

而元认知体验是指学习者从事认知活动时所产生的认知和情感体验,与主体在某项认知活动中所处的具体位置以及认知活动的进展有关。元认知监控是指个体对自己的认知活动进行积极监控,并相应地对其进行调节,以迅速达到预定的目标。个体的元认知水平具体体现为元认知操作,包括计划、管理、监控、评价、补救、各种资源等。也就是说,一个人的元认知水平高低要看其是否能够计划自己的学习,管理自己的学习,监控自己的学习,评价自己的学习,是否能够调控学习方式,是否可以选择有效的学习策略,是否可以进行适当的补救,是否能够很好地利用各种资源,是否能够在活动之前做好应有的准备工作。

研究发现,随着年龄的增长,个体的元认知能力逐步提高,而学习者的自我监控学习能力中的方法性、反馈性水平与学习成绩存在着正相关。但是,在没有策略培养的情况下,一个人的元认知水平发展会十分缓慢,有的甚至永远不可能成为一个自主学习者。

元认知水平的发展趋势表明在教学设计时必须注意学生的已有元认知知识,

已有什么样的自我管理、自我监控能力，具备什么样的策略水平，从而设计出符合学生元认知特点的学习活动。

（四）认知发展理论

任何认知都是发生在原有图式基础之上的活动。根据皮亚杰的认知发展理论，认知发展是要经过同化、顺应到平衡的一个过程。同化是指个体将所学习的新的信息、知识和技能直接纳入自己现有认知结构(或图式)中去的过程；顺应是个体通过调节自身的认知结构使其适应新信息、新知识的过程；当新知识纳入原有认知结构中时，可能会造成原有图式结构的变化，也就是要打破原有结构的平衡，这时认知主体就需要根据新知识的要求调整原有结构，通过顺应的过程达到新的结构平衡，构建新的图式。

皮亚杰的认知发展理论正是建构主义学习理论的反映。根据建构主义学习理论，学习不是被动的接收，而是学习者的主动建构过程。在同化、顺应的过程中，学习者始终处于认知的主体地位，教师应该扮演提供"支架"的角色，而不是控制学生的学习过程。

同一年龄的学生有着很多共同的认知特点，这为班级教学提供了心理学的基础。在设计教学活动时，除了考虑每个学生的认知特点与差异之外，更主要的还是要考虑基于同一年龄阶段学生的认知特点的共性。

当然，不同学习者的已有图式不同，教学设计也应尊重学习者在图式上的差异，尤其是要善于借助已有的差异开展互助学习。即使是小学开始学习英语的学生也已经进入了皮亚杰所说的前运算阶段，不是处于认知的起点，这与母语学习者的习得过程具有明显的不同。教学设计必须分析学习者的已有认知基础。中国学生学习英语又具有自己的特点，因为中国的英语学习总是建立在已有的汉语基础之上，而汉语与英语分属不同的文化、不同的语系，英语学习中顺应的成分要大于同化的成分。这就需要教师做好学习者的图式分析，促成英语学习者语言和文化之间的正迁移，减少负迁移，促进学习者的认知发展。

(五) 最近发展区

教学中必须考虑的另一个共性的认知特点就是"最近发展区"。维果茨基(Lev Vygotsky)认为所谓"最近发展区"是指个体独立解决问题所决定的实际表现水准，与在他人帮助下可以达到的潜在表现水准间的差距，也就是学习者目前水平与经由别人给予协助所能达到的水平之间的差距。

维果茨基认为，最近发展区是教学的最佳期，教学设计要诊断学习者的最近发展区，根据学习者的认知发展需求设计教学活动和教学过程。教学设计就是为学习者提供处于其最近发展区的"支架"帮助，使学习者在现有水平的基础上获得发展，促使最近发展区变成现实发展区。教学设计的关键在于分析学习者现有水平，以及通过帮助可以达到的水准，然后设计相应的活动"支架"。研究发现，在两人或更多人合作解决问题时，通过参与者积极参与，共同合作，独立解决问题能力较差的学习者，水平可以得到提高。这是因为，同伴或教师的指导给学习者提供暗示、鼓励或指导，这些暗示、鼓励或指导可以使学习者完成自己独立一人不能完成的任务，理解自己独立不能理解的内容，从而获得发展。

二、学习者的学习风格与学习方式

学习者的差异表现在认知的各个方面。学习者之间不仅认知发展不同，学习风格和学习方式也存在着很大差别。在教学设计中开展学习者因素分析，还必须分析学习者学习风格和学习方式的特征和差异。

(一) 学习风格

所谓学习风格，是指学习者在学习中表现出来的一种整体的、持久的，并具有个性化的认知方式和处理问题的方式。由于社会因素、文化因素、学习环境、家庭背景等方面的差异，不同的学习者学习风格也不同。根据不同的分类方式，学习风格大体可以分为以下几种。

1. 基于感知模式的学习风格分类

根据人们感知模式的不同，学习风格可以分为视觉学习(visual learning)、听觉学习(auditory learning)、体验学习(kinesthetic learning)和触觉学习(tactile learning)。一般说来，视觉学习者对视觉信息的感知力最强；听觉学习风格者对听觉信息的感知能力较强，比较喜欢通过听来学习；体验学习风格的学生对行为的感知能力较强，喜欢通过做事学习；一些需要动手操作的活动，如会话、剪纸、雕塑、手工制作等活动自然为触觉学习风格者所钟爱。

2. 基于认知方式的学习风格分类

根据学习者认知方式的差异，学习风格可以分为分析型学习风格(analytic learning)和综合型学习风格(global learning)、审慎型学习风格(也称思考型或反思型学习风格)(reflective learning)和冲动型学习风格(impulsive learning)、场依存型学习风格(field-dependent learning)和场独立型学习风格(field independent learning)。

分析型学习风格学习者考虑问题比较细致，擅长将信息组织成轮廓清晰的概念集，找出信息之间的异同，习惯于线性地一步一步系统地展示语言材料，分析推理能力比较强。但是，该风格学习者的信息整合能力较差。与分析型学习风格学习者不同，综合型学习风格学习者重视整体，思维比较粗略，反应速度比较快，善于将信息组织成整体，倾向于重视情境的全部，而往往忽略细节，忽视部分间的区分。综合型学习风格学习者言语形式的逻辑推理能力相对较差，很难对文本进行细致分析。

审慎型学习风格学习者在解决问题时总是谨慎、全面地检查各种假设，在确定没有问题的情况下才会给出答案。而冲动型学习风格学习者却相反，他们很少经过仔细全面的考虑，总是急于给出自己的答案。因此，当问题比较复杂，需要学生做更多的思考时，冲动型学习者就会表现出不适应，由于急于回答问题而导致错误增多，从而影响其下一步的参与。研究发现，审慎型学习风格学习者在完成任务时能够分析具体任务，选择适当的策略，任务完成质量也比较高。对冲动型学习风格学习者而言，虽然随着年龄的增长，认知的冲动有所降低。但是，在没有相关训练的情况下，其风格很难有大的变化。

场依存型学习风格是指在认知方式上依赖于外在参照，受外在环境影响较大，而场独立型学习风格则受环境的影响相对较小。换句话说，场依存型学习风格学习者在感知事物时更容易受事物明显的知觉特征影响，因此更容易受人际关系与人际交互的影响，更相信自己的直觉，容易出现只见森林不见树木的情况。相反，场独立型学习风格学习者是只见树木不见森林，他们习惯于分析型的学习方式，在形成观点之前总是先进行事实信息分析。

在众多影响学习者学习和发展的因子中，最为重要的是学习者的参与程度，即学习者在学习过程中所投入的时间和精力。而要保证学习者的参与，教学活动就必须符合学习者的认知风格，采用学习者喜欢的活动形式。只有当教学活动适应学习者的学习风格时，学习者才能最大限度地参与，从而使学习者的学习得到提高。

(二) 学习方式

学习方式是指学生在完成学习任务过程中基本的行为和认知取向。学习方式反映学生倾向于以什么样的行为和认知方式去完成学习任务。多数情况下，人们把学习方式等同于学习风格，因为学习风格确实反映了不同的学习方法和策略使用。动觉学习者习惯于体验型学习，审慎型学习风格学习者喜欢反思性学习，但是多数学习风格并不能明确指示学习行为。

场依存型学习风格学习者只表明学习者对外界参照的依赖程度，表明其是否会受环境的影响，却不能明确其所采用的学习方式。

虽然学习方式的表现形式很多，但一般情况下学习方式可以划分为接受型学习、体验型学习、自主学习、合作学习和探究式学习等。

1. 接受型学习

接受型学习是指喜欢听教师的演绎式讲解的学习方式，学习缺乏主动性。中国很多学生习惯于这种学习方式，在这种学习方式中，传统的以教师为中心的教学扮演着十分重要的角色。但是，即使在大力提倡任务型教学的今天，喜欢接受型学习的学习者依然存在。

2. 体验型学习

体验型学习是指通过参与各种活动学习的一种学习方式。外语学习以应用能力的培养为目标，语言也只有通过应用才能为学习者所掌握，体验型学习因此成为人们推崇的一种学习方式。但是，并不是所有的学习者都喜欢体验型学习，也不是所有的知识和技能都适合体验型学习。课堂教学中是否可以设计表演类活动，很多情况下要分析学习者是否习惯于体验型学习，要分析语言材料是否适合开展体验型学习。

3. 自主学习

自主学习是指学习者在分析自我需求的前提下制订自己的学习计划、安排自己的学习活动、监控自己的学习行为、评价自己的学习效果、调整自己学习方式的一种学习方式。虽然很多研究者把自主学习作为一种学习方式，其实其所反映的更多的不是学习方式，而是一种学习能力或者学习状态。但是，在设计教学活动时我们必须考虑学生是否能够开展自主学习，否则就可能造成活动设计不合理。

4. 合作学习

合作学习是与自主学习相对而言的一种学习方式。合作学习是指学生在小组或团队中为了完成共同的任务，有明确的责任分工的互助性学习。小组活动、同伴活动虽然具备合作学习的形式，但不一定是合作学习。合作学习要求学习者之间能够积极配合，积极承担在完成共同任务中个人的责任。也就是说，合作学习中学习者各有各的角色，合作者之间是一种依存关系，每个合作者的角色都是必不可少的。

5. 探究式学习

探究式学习是外语学习中比较提倡的一种学习方式。与其他学习方式不同，探究式学习是基于问题的学习，学习者能够根据教学中创设的情境，通过自主、独立地发现问题，通过收集、分析和处理信息来主动参与学习，以获取知识、应用知识和解决问题。探究式学习要求学习者具有一定的研究意识、探索精神，个体学习者可以开展探究式学习，群体学习者同样可以开展探究式学习，而喜欢接受型学习的学习者则可以通过启发带动来开展探究式学习。

学习方式受学习目标、学习内容、学习条件、学习者的个体特征等因素制约，每个学习群体都由不同风格的学习者组成，每个学习者所习惯的学习方式也不尽相同。因此，在设计教学活动时不仅要分析学习材料的适应型，更好地分析学习者习惯性的学习方式，同时还要培养学习者的学习风格和学习方式，而不是机械地适应学习者的学习风格和学习方式。

三、学习者的准备

(一) 学习者的认知准备

教学的核心任务是引导、指导、促进学习者的学习，而认知准备状态是学习者进行学习活动的一个重要基础，逐渐提升学习者的认知水平也是学习的一个重要目的。因此，教学设计的一个重要方面是了解学习者的认知准备状态。所谓认知准备状态，是指学习者在准备完成新的学习任务时已达到的认知水平，一般来说，它包括认知发展和知识基础两个方面。其中，认知发展是指学习者一般认知能力和认知功能的形成及其方式随年龄和经验增长而发生变化的过程，它涉及人的知觉、记忆、思维、语言等种种功能的发展变化。

1. 学习者的认知发展

学习者的一般特征虽然与具体学科内容无直接联系，但对教学会产生间接的影响。瑞士心理学家皮亚杰的认知发展阶段学说对教学设计具有重要的指导意义。他把儿童的心理发展分为4个阶段。

1) 感知运动阶段(0~2岁)，指婴幼儿感知觉和运动协调发展的阶段。

2) 前运算阶段(2~7岁)，在这一阶段，儿童的头脑中有了事物的表象，而且能够用词代表头脑中的表象。他们能够进行初级的抽象，能使用和理解初级概念及其相互之间的关系。初级概念是指儿童从具体经验中习得的概念。因此，他们能够设想过去和未来的事物，在他们的认知结构中知觉成分占优势，能进行直觉思维和半逻辑思维。

3) 具体运算阶段(7~12岁)，该阶段儿童的思维有了质的变化，不像前运算阶段，单凭知觉表象考虑问题，而能够进行逻辑推理或逻辑转换。他们进行推理或转换的对象还只是具体的材料或客体，而不是抽象的命题。他们需要实际经验作为支柱，需要借助具体形象的支持，才能解决问题。

4) 形式运算阶段(12~15岁)，随着认知发展从具体逐渐向抽象过渡，日益趋于认知成熟的儿童逐渐摆脱具体实际经验的支持，能够理解并使用相互关联的抽象概念。其思维特征表现为假设——演绎思维、抽象思维和系统思维。

大量研究表明，皮亚杰所揭示的认知发展的阶段性是普遍存在的。在小学的体育教学活动中，有必要时时考虑儿童所达到的认知发展水平，采取适合于儿童的认知发展水平的体育教学。当然，在适宜的条件之下，体育教学也可以适当超越学习者现有的认知发展水平。

2. 学习者的知识基础

学习者已具备的知识基础对其后继学习的作用是直接而重要的。美国著名教育心理学家奥苏贝尔曾说过："假如让我把全部教育心理学仅仅归结为一条原理的话，那么，我将一言以蔽之曰：影响学习的唯一最重要的因素，就是学习者已经知道了什么。要探明这一点，并据此进行教学。"

在教学进程的各个时段，都需要及时了解学习者的知识基础。①在学习一门新的科目时，需要了解学习者已经具备的相关科目或领域的知识基础；②在学习一个新的单元时，需要了解学习者在以前的相关单元方面已经达到的基础；③在学习一个新的知识点时，需要了解学习者在相关的知识点方面的基础。

对学习者知识基础的了解包括多个层次，主要有：①学习者的整个知识和认知结构；②学习者在相关科目或领域所具备的知识基础；③学习者在具体的知识点层次上所具备的基础。

第三章 英语教学中的要素分析

学习者的知识面主要包括：①知识基础的性质，例如，是理性知识还是感性经验，有许多学习需要具备充分的感性经验，小学阶段尤其如此；②相关知识的正确性；③相关知识的概括程度；④相关知识的巩固程度；⑤学习者已有相关知识本身的清晰性，已有知识与新知识之间的关联性程度和可区分程度。

了解学习者知识基础的方法主要有：①考试与测验；②作业布置与批改；③找学生进行个别谈话、提问。

3．学习者的技能基础

(1) 技能的含义及特点

在对学生的技能基础进行分析之前，教师首先必须知道技能的含义。技能是顺利完成某种任务的一种活动方式或心智方式，它是通过练习而获得的。学生学习体育知识不能只停留在领会的水平，必须使它转化为相应的技能，才能使知识在完成任务中起到应有的作用。例如，学习篮球的运球、传球，不能只是领会运、传球的知识，而要达到能流畅、顺利地运、传球。学习体育不能只是领会动作概念、要领，而要掌握具体的运动技能。领会某种知识需要有某些已形成的基本技能，如要领会教材中知识就需要有阅读的技能，而已领会的知识又会形成新技能的基础，即学生在已有知识的基础上通过反复练习又会形成其他新的技能；可见，技能是在掌握知识的基础上，通过练习而获得的，所以我们说，知识应用的过程也就是技能形成的过程；而技能形成之后，又会作为一种内在或外在的活动方式促进新知识的学习、掌握和应用。因此，技能的形成与知识的掌握有着密切的关系。

技能和能力是两个不同的概念。在实践中有人常常把二者作为同一个概念使用，如"传接球能力""运球过人能力"等。实际上，二者既有联系又有区别。技能是完成一定任务的活动方式，是指智力活动和操作活动的基本方式，是动作本身和动作方式的熟练程度；而能力则是指顺利完成某种活动的个性特征或心理条件。可以说，能力是形成某种技能的前提，而技能的形成又会促进各种能力的发展。例如，足球运动员要形成传球、接球、带球、过人、射门等一系列的熟练动作，即技能必须以他们的速度、耐力、清醒的头脑、判断的准确、快速反应、随机应变等能力为基础。在上述各种技能形成之后，又会反过来促进球员这些能力的提高与进一步发展。

技能通常有如下特点：①技能是个人在后天通过学习和训练形成的；②技能是达到自动化的活动方式，是个人全部活动的组成部分；③技能一经形成便很少受意识的控制，但是它也能根据一定的需要而发生或停止，并随时可以转化为有意识的活动。

(2) 技能的分类

根据技能活动的性质和特点，可把技能分为动作技能和智力技能两大类。动作技能也叫操作技能或运动技能，它是指由骨骼肌肉和相应神经系统的活动过程参与而完成的一系列外部动作，如体操、游泳等。可以说，动作技能是指机体外部动作或运动占主导地位的技能。它以肌肉、肢体动作和动觉分析器官的协调运动为特点，在主观意识的控制与支配下发挥作用，并以动觉分析器所接收的反馈信息为依据，来调节行为和动作。

智力技能是指借助于内部言语在头脑中进行认识活动的心智操作，其中主要是思维活动的操作方式，如回忆动作时的思维活动的操作方式等。

动作技能和智力技能是既有区别又有联系的不可分割的统一体。二者的区别主要有：①动作技能是外显的操作活动，而智力技能是在头脑中进行的内隐活动；②动作技能的对象是具体的客观事物，而智力技能的对象则是头脑中的映象，具有主观性和抽象性；③当达到熟能生巧的程度时，动作技能表现为动作产生连锁反应，而智力技能则表现为思维活动进程的压缩、简化，不再是一环扣一环的推理过程，而是能直接提取现存的信息。

动作技能和智力技能的联系：①外部动作技能是智力技能形成的最初依据，智力技能常常是在外部动作技能的基础上，逐步脱离外部动作而借助内部言语在头脑中形成的。例如，思考技能形成的过程就是如此，这说明智力技能的形成受动作技能的制约。②外部动作技能是智力技能的体现者，智力技能是外部动作的支配者和调节者。例如，越是高水平的动作技能，就越需要准确和敏锐的知觉，去辨别需要做出反应的线索，并迅速地做出判断，采取对策和周密的计划，而这些就是智力技能的作用。动作技能本身有智力活动的参与，例如，传接球技能主要是手和眼的协调配合动作。需要怎么传、怎么接，却要经过大脑事先的计划，受人主观意识的支配，有智力活动的参与。③这两种技能的形成都与性格或气质特征有关，冷静、灵活、勤奋、认真、责任感、坚持性等都有助于技能的形成。④对两种技能的掌握，都有助于提高学习效率，创造性地完成学习任务，解决复杂的问题，节省学习者的时间和精力。

(3) 技能基础的含义

通过上面的阐述，我们已经了解了技能及技能的分类。在教学实践中，教师不仅要了解学生的知识基础，同时，还要了解和掌握学生的技能基础。技能基础是指学生在开始新的学习之前，自身已经具备的通过长期练习而获得的学习技能，是学生掌握更复杂技能所必备的基础。例如，教师教学生集体项目中的战术，学生必须具有使用该项目的基本技能。如果忽视了对学生技能基础的分析，教学就会脱离学生的实际，不能取得良好的效果。例如，教师因为不了解学生的技能水平，就会使学生在接受高难度的练习时望而却步；如将学生的技能起点定得太低，又会造成时间和精力的浪费，使学生在低水平的技能上做无效的重复。长此以往，就会降低学生的学习兴趣。

4．了解技能基础的方法

加涅和布里格斯等人提出的"技能先决条件"的分析方法，是对学生技能基础进行分析判断的常用方法。这种方法是从终点能力入手，逐步分析达到终点能力所需要的从属知识和技能，一层一层分析下去，直到能够判断出学生是否掌握了所有的从属技能。教学设计者可以通过学生能否完成最简单的技能来判断学生的技能基础掌握的程度，也可以通过观察和测试的方法，了解学生对技能的掌握程度，并据此确定学生的技能基础。

(二) 学习者的情感准备

学习者的学习过程既是一个认知过程，也是一个情感过程，学习者的情感对学习者的学习活动起着激励、定向、个性化的重要作用，同时，也是学习活动本身的重要内容。需要特别注意的是，学习者的情感准备状态往往表现出更大的不确定性和复杂性。对于教学设计来说，需要经常了解的学习者的情感准备状态是一个很宽泛的提法，它通常是指学习者的情感发展状况和特定情况下进行各种活动的情感倾向性。它涉及的具体因素特别多，这里针对教学设计中特别需要注意的重点，主要简单阐述对学习者的个性发展、学习兴趣和学习动机的了解。此三者是紧密关联、相互渗透的。

1. 学习者的个性发展

学习者的个性发展是一个很复杂的现象。对学习者个性的了解主要包括两个方面：一是个性发展上的年龄特征；二是特定学习者在个性发展的个别差异性。这里主要针对教学设计的需要，简要阐述中小学生个性发展的年龄特征中的几个关键方面。需要强调的是，在实际的教学设计中，还需要对特定学生的个别差异性作充分的考虑。

(1) 小学生认知及个性发展的特点

一般来说，小学生的个性特点和认知能力包括以下几个方面：

1) 感知、注意、记忆的特点。小学生从笼统、不精确地感知事物的整体渐渐发展到能够较精确地感知事物的各部分，并能发现事物的主要特征及事物各部分间的相互关系。小学生的注意力不稳定、不持久，且常与兴趣密切相关。小学生的记忆最初仍以无意识记、具体形象识记和机械识记为主。

2) 想象、思维的特点。小学生的想象从形象片段、模糊向着越来越能正确、完整地反映现实的方向发展。低年级的小学生，想象具有模仿、简单再现、直观、具体的特点，到中高年级，他们对具体形象的依赖性会越来越小，创造想象开始发展起来。小学生的思维从以具体形象思维为主要形式逐步向以抽象逻辑思维为主要形式过渡，但他们的抽象逻辑思维在很大程度上仍是直接与感性经验相联系的，具有很大成分的具体形象性。

3) 情感的特点。随着年龄的增长，小学生的情感也逐渐变得更加稳定、丰富、深刻。低年级小学生虽已能初步控制自己的情感，但还常有不稳定的现象。到了小学高年级，他们的情感更为稳定，有了自我尊重的意识，希望获得他人尊重的需要日益强烈，道德情感也初步发展起来。

4) 意志的特点。小学生的身体各器官、系统都生长发育得很快，他们精力旺盛、活泼好动，但同时因为他们的自制力还不强，意志力较差，所以遇事很容易冲动，意志活动的自觉性和持久性都比较差，在完成某一任务时，常是靠外部的压力，而不是靠自觉的行动。

5) 性格的特点。小学生的自我意识在不断发展，自我评价的能力也在不断增长。随着年龄和见识的增长，他们已不再完全依靠教师的评价来估计自己，而是能够把自己与别人的行为加以对照，独立地做出评价。因而在小学阶段进行有效的教育，使学生形成良好的性格是非常重要的。

(2) 初中学生个性发展的若干年龄特征

总的来说，初中学生个性发展的年龄特征包括以下几个主要方面：

1) 自我意识。初中学生的自我意识飞跃性地发展，达到高涨状态。他们的内心世界迅速地丰富起来，并经常进行内省、自我反思。他们的自主、独立意识迅速增强。与此相关，他们的个性较明显地存在主观偏执性，主要表现在：总认为自己正确，听不进别人的意见；经常感到别人似乎在用尖刻挑剔的态度对待他们。初中学生的自我监控方式表现为初步的知、情、意的整合调控，有抗诱惑能力，但多凭感情支配，意志行为增多。

2) 价值观。初中生在价值观上发展得也比较迅速，主要表现是价值观念在意识上变得比较明确，并且告别小学阶段的泛化现象，迅速走向分化，明确关注和追求一些具体的价值。不过，初中学生的价值观往往还存在矛盾性和不稳定性。

3) 社会性。初中学生在社会性方面的发展往往显示出不和谐性。例如，他们经常表现出认同性与批判性的矛盾，一方面对社会、对他人表现出认同，另一方面又表现出较强烈的批判甚至对抗态度；独立性与依赖性的矛盾，即一方面独立感很强，不顺从成人的意见，另一方面对成人还存在较大的依赖性，尤其是在情感和生活上，希望得到父母和其他成年人的理解、支持和保护；闭锁性与开放性，即一方面将自己的内心封闭起来，另一方面又感到非常孤独和寂寞，希望能有人来关心和理解他们。

4) 个性发展进程。初中学生在个性发展进程上具有如下重要特征：一是不均衡性，包括个性不同方面的发展进程之间不均衡，这是独特个性构建阶段的必然现象，以及不同具体年龄时发展速度上不均衡，而且在这一点上，个别差异很大；二是断裂性，即作为初中学生的少年个性发展，与童年时期的个性发展在进程上存在着一定的断裂性，虽然也存在连续性，但不强烈。因此，虽然他们有时也留恋童年，但是又对童年存在着较多的否定态度。这种断裂性实际上在小学六年级时已经出现。

(3) 高中学生个性发展的若干年龄特征

就一般情况而言，高中学生个性发展具有如下重要的年龄特征：

1) 自我意识。高中学生的自我意识高度发展，主要表现在独立意向的发展，已能完全意识到自己是一个独立的个体；自我意识成分的分化，在心理上把自我分成了"理想的自我"和"现实的自我"两个部分；真正成为思维和行动的主体，能够自觉地按照自己的想法去判断和行动；明确而强烈地关心着自己的个性成长，关心自己个性的优点与缺点；自我评价成熟并深化，能独立地评价自己的内心品质、评价行为的动机及效果的一致性情况等，形成了较强而稳定的自尊心；自我发展的意识显著提升，并在各种需要中占主导地位；自我监控方式表现为较高级的知、情、意的整合调控，心理结构已基本形成，有坚强的意志；形成相对完整的自我概念。

2) 价值观。高中学生的价值观念也较高度发展，并且已初步确立基本的价值观，即初步形成对自然、社会、人生价值的基本认识，并形成对价值的自觉追求。高中学生价值观有如下特点：对理论与哲学问题的兴趣显著增强；逐渐将个人的生活目标与社会发展相联系；其价值观反映其个性特点；虽然已具有一定的稳定性，但尚未定型，稳定性程度不高；在此基础上形成较系统的人生观和稳定的人生理想，包括职业理想。

3) 社会性。一般而言，高中学生的社会性发展具有如下特点：对社会、他人的认同感稳定地增强，自我与社会基本上趋于和谐；在人际交往上，交往范围逐渐扩大，"朋友"显著增多，形成较大且较稳定的同伴群体；与异性的关系变得积极融洽，乐于与异性交往，并有交往较深刻的异性朋友；与父母、教师的关系也日益走向和谐、融洽，但学生的独立感依然强烈，并强烈的渴望得到父母和教师的理解。

4) 个性发展进程。高中学生在个性发展进程上具有如下特征：一是个性发展的总体速度快，初步形成整体性的个性框架，尽管这个框架本身及其实质内容处于不断地变化、充实与更新之中；二是个性的各个方面的发展相对均衡，在不同具体年级的发展也相对均衡；三是与先前年龄阶段、后续年龄阶段的内在连续性加强。可以说，高中阶段是一个人个性发展进程中的第一个整体性阶段。

2．学习者的学习兴趣

学习兴趣对学习活动的重要作用是众所周知的。在教学设计中，对学习者的学习兴趣的了解是比较复杂的，一般应该包括以下几个方面：①了解学习者的学习兴趣的整体的强烈程度，即学习者对整个学习的兴趣，这往往与人的一般本性、学习者个人的价值观、学习者的学习与整个生活经历、具体情境等有密切的关系；②了解学习者学习兴趣的广泛性、集中性深刻性和持久性等；③了解学习者对具体的学习活动的兴趣的强烈程度；④了解学习者对整体的学习活动的兴趣的性质，例如，是直接兴趣还是间接兴趣，直接兴趣是指对学习活动本身感兴趣，间接兴趣是指不是对学习活动本身而是对学习活动的结果感兴趣。

英语教师了解学习者学习兴趣的方法有多种，其中典型的有：①与学习者谈话；②观察学习者的实际学习情景；③共情性体验，即教师设身处地地、类推地去体验学习者对学习活动的兴趣状况。

3．学习者的学习动机

学习动机作为推动学习者进行学习活动的内在动力，一个重要的基础是学习兴趣。但从总体上说，学习动机不同于学习兴趣。在长期的教育心理学研究中，学习动机一直是受到极大重视的一个问题。仅就简单的、即时的教学设计本身来说，对学习动机的了解有一定的重要性，而且由于以下原因，对学习动机的了解显得极为重要和复杂：其一，学习动机与学习活动之间的关系是双向的，而非单向的，即一方面动机能够推动学习活动，另一方面学习活动反过来又可以增强学习的动机,我们的教学设计要做到既能遵循和调动学习者的学习动机,又能培养和强化学习者的学习动机;其二,要设法优化学习者的学习动机,例如,提高学习者学习动机在合理范围内的持久性、可转换性和强烈度,提高学习者学习动机的健康性水平,尤其是学习动机在来源上的健康性水平。

　　具体地说,①学习者对特定学习内容的学习动机的强度。一般来说,学习动机过弱或过强,都会对学习活动产生消极作用。学习动机过弱时,就常常会导致学习者注意力不集中、精神涣散、不想做出努力等种种不良的精神状态;而学习动机过强时,则会导致过分紧张,带来焦虑的情绪,不利于学习。因此,学习动机的强度以适中为宜,需注意,这里的"适中"实际上是要求适当地强烈一些。②学习者对特定学习内容的学习动机的持久性。一般来说,学习动机的持久性适当地高一些是有必要的,但也不宜过高。使学习动机的持久性适度而不至于过度,主要具有两个方面的意义:第一,更有利于适时地实现学习任务及相应的学习动机的转换;第二,更有利于使学习者在心智活动上做到张弛有度、劳逸结合。③学习者学习动机的具体来源。综合各种研究的成果来看,学习者学习动机的来源总的来说有以下几个主要方面:一是等习者的价值观,尤其是对学习的重视程度和个人价值追求上的成就感;二是好奇心、求知欲;三是自我效能感;四是学习目标的激励作用;五是学习活动本身的有趣性;六是群体氛围;七是意志、努力。然而,在不同个人身上,学习动机的具体来源是不同的,这也正是我们需要加以了解的。通过了解我们不仅能够更好地激发学习者的学习动机,而且能够更好地培养、优化学习者的学习动机。

第二节　英语教学中学习者的需求

一、学习需求的内涵

　　需求分析(needs analysis)是教学设计的起点,缺乏应有的需求分析就难以保证教学设计的适应性。在教学设计中,学习需求是指学习者现有的知识、能力、素质等与学习目标所期望的知识、能力、素质等之间的差距,即:教学期望达到的学习状况—学习者目前的学习状况—学习需求。

教学期望学习者达到的学习状况是指教育目标要求学习者具备的知识、能力、素质等,包括社会对学习者的知识、能力、素质的需求,学习者未来职业对学习者知识、能力、素质的需求,以及学习者自身发展对自己的知识、能力、素质的个人需求。学习者目前的学习状况则是指学习者群体在知识、能力、素质方面已经达到的水平。学习者需要接受教育,是因为他们尚不能达到社会、职业和他们个人对自己的知识、能力、素质的要求,这一差距是必然存在的,也就构成了学习需求的必然存在。

这里需要特别说明的是,教学设计中所说的学习需求是指学生群体的需求,而不是个体的,因为我们这里所探讨的教学设计是面向学生群体(如班级)的教学设计。

教学设计中的学习需求分析一般应该包含以下内容。

(一) 学习者现有知识、能力、素质等水平

教学设计中的需求分析与课程设计中的需求分析不同,前者重点是分析学习者现有知识、能力、素质等与期望目标之间的差距。要了解学生发展中的差距,首先必须了解学生的现有水平。

知识包括元认知知识和认知知识、课程知识、学业知识和社会知识。在设计教学时我们必须了解学生已有的元认知水平和认知水平,学生是否能够管理自己的学习,是否能够计划、调控和自我评价;学生是否具备应有的策略知识,是否了解听、说、读、写等各种任务处理的方式;学生对课程内容了解如何,是否具备开展课程学习必须具备的相关语言知识和话题知识、社会文化知识以及相关背景知识,或者说学生是否具备应有的图式背景。

能力主要是指听说读写技能。以阅读课为例,学生是否具备基本的字面阅读能力,是否具备基本的文本解码能力、信息识别能力、信息转述能力、逻辑推理

能力和问题解决能力。

素质是一个比较笼统的概念，不同的人可能会有不同的诠释。就教学设计而言，除知识和能力以外，我们还必须分析学生的情感态度、合作意识等。既然这些都是教学目标，自然也就应该是需求分析的一部分。

(二) 学习目标要求学生达到的知识、能力、素质等水平

教学设计的目标是促进学生的发展，所以需求分析另外一个重要内容就是分析学习目标。只有了解学习目标才能定位教学目标，只有明确目标才能设计相应的教学活动、教学过程、教学评价，才能选择适当的教学策略。

学习目标首先指课程标准规定的课程目标，包括知识、技能、情感态度、文化意识和策略等各方面。由于社会的发展以及各种需求的变化，课程目标也会发生变化，这就需要教育工作者时常进行需求分析。

就具体的教学设计而言，需求分析中分析的是学期目标和单元目标，以及具体课堂的学习目标。这些目标的确定首先应该在课程标准中规定的课程目标前提下进行，然后根据教材的特点和学习内容的要求确定具体的、具有操作性的学习目标。

课堂教学中的学习目标分析可以是知识层次的目标、理解层次的目标、应用层次的目标，也可以是元认知层次的目标。就一节课而言，应该有一个或几个主要目标，同时包括几个阶段目标。以阅读教学为例，学习目标可以是理解性的，比如推理判断，理解文章大意、作者写作意图、文章中人物的观点、态度等；可以是应用性的，比如对文章信息的应用，对文章中语言逻辑的应用等；当然也可以是知识性的，如信息提取，信息转述，复述课文，分角色讲述故事等。

二、学习需求分析的方式

学习需求分析一般要经过数据采集和分析两个阶段。数据采集一般可以采用问卷、访谈和测试等方式进行。例如，可以通过问卷调查的方式，对学习者现有

的知识、能力、素质进行调查和分析；可以通过访谈的方式收集有关学生情感态度、学习喜好、兴趣动机等方面的信息；可以通过测试的方式了解学习者的现有的语言基础，包括知识水平和技能水平。

分析可以采用定性分析和定量分析两种形式，定性分析主要采用描述的形式，而定量分析可以借助 Excel，SPSS 等软件进行，做方差分析、回归分析、显著度检验、t 值检验等，从而为教学设计提供数据支撑。

第三节　教学目标分析与设计

一、教学目标设计的基本取向与分类

教学目标是教育价值观在教学中的具体化，教学目标也因此无不体现某种价值取向。基于课程论的观点，教学目标可以分为"行为目标"取向、"生成目标"取向和"表现性目标"取向三种价值取向。

(一)"行为目标"取向

在"行为目标"取向中，目标以具体的、可操作的行为的形式陈述，它明确了教学过程结束后，学生应该发生哪些行为变化。目前课程标准中目标的描述所采用的都是行为目标的表述方式。行为目标具有精确性、具体性、可操作性等特点。目标既要指出学生要养成的行为，又要指明这种行为能得到运用的生活领域或内容。也就是说，目标实际上应该包括行为和内容两个方面。布卢姆教育目标分类学的提出更是把行为目标的描述推向了新的阶段。根据行为目标的要求，教学目标一般由三个部分组成：一是学生外显的行为表现，二是能观察到的这种行为表现的条件，三是行为表现公认的准则，如给学生一篇文章，学生在五分钟内

不靠帮助或参考书,能够识别其风格。

"行为目标"取向在本质上受"科技理性"的支配,体现了"唯科学主义"的教育价值观,以对行为的有效控制为核心,把教学设计和人的学习过程变成一个可预先决定和操作的机械过程,忽视了教学设计过程中的创造性以及人的学习主体性。

(二)"生成目标"取向

与行为目标不同,生成目标不是预先制定的课程指令、课程文件、课程指南,而是教育情景中随着教育过程的展开而自然生成的教学目标,是教育情景的产物和问题解决的结果。

教学过程是以课程为中介的师生互动交往的过程,富有生命力、动态性和变化性。由于教师和学习者的自主性、独立性和创造性特点,教学活动也因此总是充满各种变动因素,不可能完全按照预先安排好的计划去进行,教学目标也因此必须具有生成性,需要在预先设想和安排的基础上根据具体发生的情况进行调整。

与行为目标不同,生成目标是过程取向的。生成目标的过程取向反映了教育的过程性,因为教育本身就是一个演变过程。在此过程的任何阶段上的目标都不可能是最终目标,目标是演进的,而不是预先存在的。生成性目标要求教学过程中运用互动性教学方式,师生进行有意义的对话。

(三)"表现性目标"取向

表现性目标是指每一个学生在与具体教育情景的种种"际遇"中所产生的个性化表现。由于学习者自身的差异,每个学习者在具体教育情景中的具体行为会表现出各种差异。因此,表现性目标所追求的不是行为目标的同质性,而是反应的多元性。表现性目标旨在培养学生的创造性,强调学习者的个性化发展。表现性目标是教育发展的体现,是建构主义在学习中的具体体现。

但是,教育的总体目标是相对统一的,差异也只是具体表现形式的差异。在制定教学目标时我们不仅要考虑到教育目标的统一性，同时还必须考虑到学习者的差异性，以及学习过程的生成性。也就是说，教学目标既要有预设的成分，又要体现过程性特征，同时还必须贯彻表现性目标的理念。

二、教学目标的确定与表述

（一）教学目标的确定

对于任何教学活动，为了实现其教学目标，都要设计适当的教学活动，必须清楚每个单元、每一堂课、甚至是每一个活动的目标。要确定教学目标，首先必须明确课程目标，将教材中的单元目标与课程目标比较联系，然后根据教材的具体内容确定单元教学目标。如果教材与新课程标准的要求是一致的，那么，在确定单元教学目标和课堂教学目标时，就可以采用如下策略：

1) 分析教材中的教学活动和认知层次；
2) 根据活动要求明确教学目标；
3) 将目标具体为行为表现。

（二）教学目标的表述

虽然我们强调采用表现性目标取向，但是就英语课程而言，每一单元的教学目标，每一堂课的教学目标还必须采用行为动词的表述方式，避免抽象概括的表述，如"理解""掌握"等；表述要以学生的学习所得为对象，而不能以教学行为为对象，如"培养""训练""激发兴趣"等。

在表述教学目标时要注意教学目标的层次性。不论是阅读、听力、词汇还是语法，都包含不同等级的教学目标。建议结合布卢姆的教育目标分类学对教学目标的分类进行表述，即知识、理解、应用、分析、综合和评价。具体内容如下：

1) 知识：知识描述的是学生对于一些实际信息的回忆情况，体现的是学生的记忆能力。

2) 理解：指不死记硬背，能理解教师传授的知识，在没有完全理解它的含义或者与其他知识的关系时也能很好地利用知识。

3) 应用：指能在具体情景中运用抽象的概念，能将学到的知识应用于新的情景中。

4) 分析：指完成任务的时候能将一个复杂的信息分解成几个要素，从而使各要素之间的关系变得清楚。

5) 综合：指能够将不同的元素和成分组合成一个结构连贯的模型。

6) 评价：指能运用自己和他人的评价标准对某种现象做出定性或定量的评价。

这六种认知能力中，知识是最低认知水平，评价是最高水平(图 3-1)。

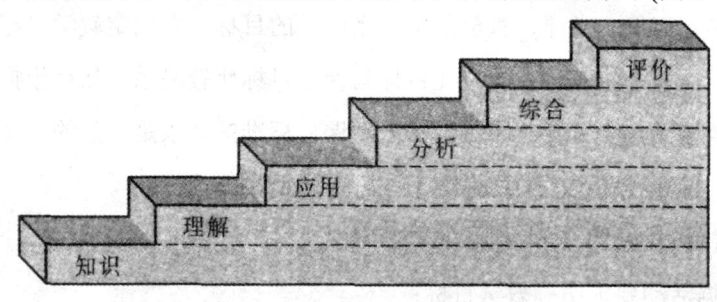

图 3-1　布卢姆教学目标阶梯

词汇、语法、策略等作为知识也表现出不同的层次。根据安德森(Lorin Anderson)的观点，知识可以分为事实性知识、概念性知识、程序性知识和元认知知识，所有这些知识都要表现记忆、理解、应用、分析、评价和创造六个层次(见表 3-1)。那么我们的词汇教学也应该包含对词汇信息、意义和功能的表述，对词汇意义的理解以及词汇的应用。

表 3-1　认知目标的维度

知识纬度	认知过程纬度					
	记忆	理解	应用	分析	评价	创造
事实性知识						
概念性知识						
程序性知识						
元认知知识						

第四章 英语教学的主要内容分析

第一节 发音、词汇教学

一、英语发音教学

(一) 发音的主要特征

如图 4-1 所示，是发音的主要特征的分解图。

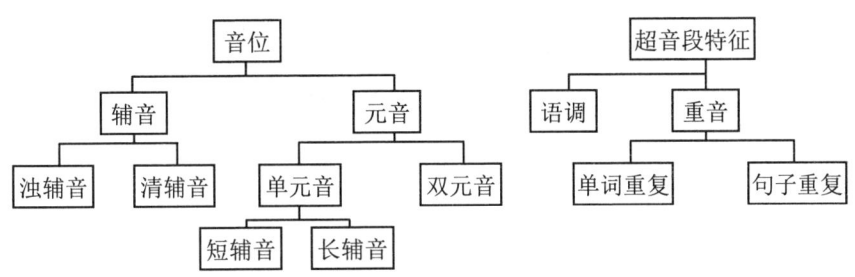

图 4-1 发音的主要特征分解图

1. 音位

音位是一门语言中不同的声音。音位分为两类：元音和辅音。但是，它们不一定与字母里的元音字母和辅音字母相一致。

所有元音都是发声的，可以是单元音(例如 let 中的/e/)，或是组合元音，从一个元音滑动到另一个元音上(例如 late 里的/ei/)；这种组合被称作双元音。三个音的组合被称作三元音(例如 our 和 power 中的/əuə/)。单元音分短元音(例如 hit 中的/i/)或长元音(例如 heat 中的/i: /)。符号/: /表示长音。

辅音分浊辅音和清辅音。许多辅音对子基本是相同的，唯一的区别是发声不发声(例如 fan 中的/f/，van 中的/V/)。

2. 超音段特征

音位是我们可以分析的声音单位，也被称作音段。超音段特征，是普遍适用于音段组或音位的说话特征。英语里重要的特征有重音、语调，以及声音是如何在连续的讲话中变化的。

对于单个的词，我们可以识别和教授单词重音。通常一个单词里的一个音节会比其他音节更突出，比如 Paper，或 Bottle。单词重音通常在字典里会标出来。

对于话语，可以分析和教授语调和重音。重音让讲话表现出节奏。说话者会在一个话语里选出一个或多个单词用重音来说，这样能让听者听出重点。语调是一段话语中声音的调高上下起伏的方式。在讨论说话时使用"话语"(utterance)这个词。可以避免和"句子"(sentence)混淆，话语指的是我们说的任何的话，包括语法不完整的句子，以及同一句子的不同说法。

话语重音和音调模式经常与意思的交流相联系。例如，在下面这段话语中说话者是第一次问这个问题。在这种特殊情况下，她声音的调高在开始时相对较高，结尾时降了下来，以相对较低的调高结束。这样的语调模式在这里用一个箭头表示。

1 Where do you live?

如果说话者是第二次问这个问题(已经给过信息，但她忘记了)，那么调高就在单词 where 上落下，再在问题的尾部升起。这是在向听者表示他知道答案应该是存在的。

2 Where do you live?

下一个例子显示了重音在意思的交流上起着同样重要的作用。话语里最重的音节用大写表示。同一句子里重音音节的变化以各种微妙的方式改变了话语的意思。每个话语后面的括号里是隐含的意思。

I'd like a cup of herbal TEA．（一个简单的要求。）

I'd like a cup of HERbal tea．（不是其他种类的茶。）

I'd like a CUP of herbal tea．（不是一大杯。）

第一个例句是第一次提出要求，而另两个例句明显是想澄清说话者和听者之间的一些误解。可以注意到说话者的声音是如何在大写的音节上落下，这说明了语调和重音是如何在话语中紧密结合的。

（二）发音的生理机能

如图 4-2 显示了与发声有关的头和颈的主要部位。在喉部有两片连在一起的被称之为声带的弹性组织，可以一张一合。正常呼吸时，也就是在发清音时，声带是打开的。当声带的边缘互相靠近合拢时，空气通过声带，产生振动，就发出了浊音。声音的调高(多高和多低)是由肌肉控制的。当声带肌肉放松和拉长时，发出低调；当声带肌肉缩短、绷紧时，就发出高调。

我们说话时还使用唇、舌、齿、硬腭和软腭，以及齿龈。鼻腔在发某些音时起作用，下巴的运动也很重要。当气流被阻断，挤压变形，受阻或转向时就发出了声音。

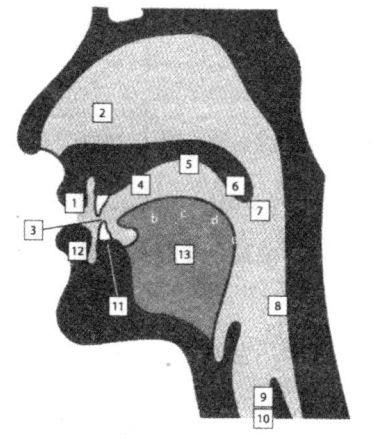

1. 上唇　　　10. 喉头
2. 鼻腔　　　11. 下齿
3. 上齿　　　12. 下唇
4. 齿龈　　　13. 舌头
5. 硬腭　　　　a. 舌尖
6. 软腭　　　　b. 舌片
7. 小舌　　　　c. 舌前端
8. 咽腔　　　　d. 舌中端
9. 声门　　　　e. 舌后端

图 4-2　发音部位示意图

(三) 发音教学的主要方法

1. 利用绕口令巩固音标

绕口令对音标有着强化练习的作用，它有助于辨别单词的读音，培养学生的语感。小学英语教材中有不少绕口令。例如，在教学字母组合 ea 的发音后，就出现了 2 个句子：The boy in the sweater is shaking his head. He does not want bread for breakfast.读绕口令的时候要由慢到快，循序渐进，开始读有点拗口，读熟了就顺口了。课堂上我采用竞赛的形式，看看谁读得又快又好，学生兴致很高，对单词的发音掌握得很牢固。

2. 发挥韵句在学习语音中的作用

韵句节奏感强，读起来朗朗上口，容易记住。在教读元音音素时，我经常采用音韵节奏朗读。如在学习/a:/这个元音音素时，我在介绍音素的发音规则后，可以这样教读 /a://a://a://a://a:/，用两升三降的声调进行有节奏地朗读，升调读得慢一些，后面的降调快速连读。每教会一个元音音素后，就找几个辅音进行简单的拼读练习，在拼读练习中，我们同样采用这种节奏朗读法，如：/da://da://da://da://da:/，/pa:/ /pa://pa://pa://pa:/，/ka://ka://ka:/ /ka://ka:/。这种读法要比简单的升降调朗读有趣得多，学生的学习的热情也比较高。音韵节奏让学生得到了美的享受。

3. 听音接龙

在教学中，我经常利用这种游戏来巩固所学音标。如我先说出一个音标/e/，然后让学生说出哪些单词含有这个音，看谁说得多。由于小学生都有一种争强好胜的心理，都乐于表现，不甘落后，课堂上纷纷举手，既活跃了课堂气氛，又巩固了音标，效果很好。

4. 抢读音标

抢读音标是我巩固音标教学常用的方法。课堂上，我将全班分成若干个小组，然后逐个儿出示一些音标卡片，学生们举手抢答，我让最先举手的学生读出该音标,读对的给该组记 10 分,得分最多的组为优胜。小学生都想为本组争光,争先恐后,积极举手,避免了音标教学的枯燥与乏味。

二、英语词汇教学

(一) 词汇呈现的方法

词汇呈现是词汇教学的首要环节,对英语教学的效果有着直接的影响。如何有效地呈现教材中的词汇,是广大教师在教学中时常遇到的难题。

1. 展示词义

使用实物教具、图片和演示是直接法的一种定义手段。很明显,如果要呈现一组实物词汇,如服装类词汇,可以用图片展示或者用实物演示代替翻译的方法。这种方法可以使用实物(称为实物教具)、图片或者手势。

直接法是相对于语法翻译法这样要求高度智慧的语言学习理论而发展起来的一种教学法,它拒绝使用翻译。例如,下面给教师的建议就选自一个流行于 20 世纪 40 年代的使用直接法的课程。

怎样教实物的名称呢?下面是一般步骤。首先,教师选择一些实物,比如 10~20 个一组。这些实物可能是:通常可以在上课的地方找到的,如门、窗户、刀、火柴、书,或者身体的部位、衣服的款式。

1) 特别为上课而收集的,如棍子、石头、钉子、一段电线、一段线绳等。

2) 用图片表示的,例如印制在图卡或者挂图上的,或者在黑板上画的草图。教师依次展示或者打印出每个实物,并说出它们的名字。他清晰(但又自然)地说出它们的名字 3~4 次。当学生们已经有足够的机会听到这些词汇和句子(并掌握了它们的意思)后,再让他们说出这些词汇和句子。最开始的时候,他们可以跟着教师重复。

这种方法也是一种被全身动作反应法的实践者倡导的技巧。利用上课时教室的即时环境和能够带到教室中的物品,目的是要模仿学习母语的经历。一个应用全身动作反应法的课堂通常包括教师示范动作，运用实物，然后让学习者按照指令做相同或类似的动作。典型的课堂指令有：

Point to the apple.

Put the banana next to the apple. Give the apple to Natasha.

offer the banana to Maxim. etc.

视觉的辅助教具可以有多种形式：大卡片、挂图、可以通过投影仪投射在白板或墙上的幻灯片和黑板上的画。许多教师从杂志、日历等处搜集自己的大卡片集。下列词汇类别的图片特别有用：食物和饮料、服装、房屋的内部和家具、景观和外景、交通工具，外加大量人物图片，人物图片可以进一步按照职业、国籍、运动、活动和外表进行细分。这些图片不仅可以用来教生词，还可以用来练习词汇。

如果运用一些基本的记忆原则，包括分段练习的原则，还可以进一步提升图片或实物在词汇教学中的作用。例如，教一组服装类词汇(10个)，要不断回顾前面已经学过的词汇，而且最好以不同的顺序进行回顾，如下所示。

呈现 shirt—呈现 jacket—呈现 trousers—复习 shirt—复习 trousers—呈现 dres—复习 jacket—呈现 sweater—复习 dress—复习 shirt—呈现 socksetc.

学习者按照自己的节奏学习是另一项有效的记忆原则。这样，他们可以构建自己的关联，思考个性化的、符合词汇难度的记忆策略。这些对独自学习或小组学习比较容易实现。但是在教师引导的词汇呈现过程中，留出适当的停顿，学生就有时间赶上来，并进行回顾。

这里列举了一些使用大卡片的教学活动。

1) 教师每次出示一张卡片，引导学生说出或者自己说出卡片代表的词汇。教师不时地从头展示这些词汇，改变顺序。最后，将所有卡片粘贴到黑板上，在卡片旁边写出这些词汇。

2) 将一组图卡(例如服装)粘贴到黑板上，标出序号。让学习者就他们不熟悉的词汇向你提问。例如：What's number 7? 在你给出答案前，看看其他学习者是否知道答案。当学生充分熟悉了所有词汇后，用 What's number 9? 等问题提问所有的词汇。翻转卡片，每次翻一张，让学生看不到图画，检查学生是否记住了，可以再问 What's number 9？最后，在黑板上每个卡片旁写出词汇。

3) 将一组卡片粘贴在黑板上，允许学习者使用双语词典查出它们代表的词汇。然后，他们可以将词汇写到图片旁边。

4) 学生组成两人或三人小组，给每个小组发放一组卡片。他们可以使用双语词典查出每个图片表示的词汇。然后，每组的代表可以使用视觉辅助物教班里其他学习者查到的词汇。

5) 向全班展示一张包括多种物品的挂图或者大画(例如街景图或者机场的画面)，但是只展示很短的时间，例如 10 秒钟。学生独自或两人一组用英语尽可能多地写出他们看到的画面中的事物的名称。学习者可以使用词典。再次展示图片几秒钟，让学习者扩展他们的词汇列表。最后，展示图片进行检查：写出最多正确词汇的个人或小组获胜。

2. 解释词义

借助实物教具、图片和演示进行学习的词汇是有限的，而借助于语言，用其他词汇解释新词，这就是词典的原则。

用语言而不是图像弄清词义的方式包括：提供一个示例的情境；给几个例句；给出同义词、反义词或上位词；给出完整的定义。上面几种方式可以结合起来使用，也可与在黑板上画或者用动作演示这类视觉方法结合起来使用。尽管用语言解释可能比翻译、图示或者动作演示的方法稍显耗时，但是它的优势在于学习者能够获得额外的、免费练习听力的机会，同时，由于在理解一个词的意思时，要付出的努力稍多一些，学习者可能会在认知上更投入些。显然，当用一些词去解释其他词汇时，那些用来解释的词一定要符合学习者目前的词汇范围。

3. 强调形式

词汇的发音和词义决定了它们在心理词库中存储的方式，发音相似的词容易产生混淆(例如，将 trampolines 记成 tambourines，将 kitchen 记成 chicken)就可以说明这一点。因此，不难发现，强调一个词的口头形式对于确保能够恰当地记忆这个词有重要意义。这也就反过来说明，要让学习者注意词汇的发音。词汇最初是按照它们的全音节结构和重音来记忆和回忆的。由于 tambourine 和 trampoline 的外形相似，而只有一些单音不同，因此容易弄混。这说明，强调词汇的重音和外形有助于保持记忆中的词汇。

　　教师也可以让全班同学发现重音节。"Where's the stress？"就是一个很好的提问问题，可以让学生熟悉这种提问。一种介绍重音概念的方法——例如，在第一节课上——是让学生说说自己的名字中有多少个音节，哪个音节是重音节。(当然，如果名字只有一个音节，那个音节就是重音节。)在练习一重复这种方法中，学习者要习惯重复新词汇(无论是全班一起的，还是独自的)，就像听说法那样。近来，对新学语言(特别是语法结构)进行简单重复的价值受到了质疑。有些人认为，要求"动口"会分散"动脑"的认知过程中的注意力。如果有任何事干扰或者打断发音环路，我们都会快速地忘记那些词汇。这就表明，在学习者听到一个新词汇和说出这个新词汇之间留出两三秒的"处理"时间，可能会有益于延长词汇在记忆中保持的时间。鼓励默读的方式之一是一种被称为咕哝练习的方法。在教师的指导下，学习者咕哝或者小声说出词汇。他们可以按照自己的节奏，只念给自己听就可以。有证据表明，默读是成功的学习者自然运用的技巧。因此，它或许也适合课堂练习。

　　有很多强调词汇口语形式的方式，基本的方式有听力练习、口头练习和板书。在了解了新词汇的词义后，教师可以用听力练习对它进行示范。练习是对任何短小的语块的重复。在这里，就是指由教师进行重复，以使学习者熟悉词汇的语音特点。通常，这需要清晰而自然地念出单词(或多个词汇)，而且在开始前，还常常给出像"Listen"这样的提示语。这个过程要重复 2~3 次。为了吸引学习者注意音节结构和重音，还可以在示范的过程中使用一些视觉刺激，如用一只手的手指代表不同的音节。然而，拖延输出的时间可能会令学习者沮丧，他们的直觉常常是自己试着重复一个词。对于词形来说，学习者感觉最好的就是能够将它说出来，即便教师的目的只是为了能够识别词汇。因此，让学习者先默读词汇，再以全讲朗读或独自朗读的形式读出新词，即练习，可能比较合适。

　　用音标符号还会避免潜在的发音—拼写错误匹配的负面效应。当然，这是基

第四章 英语教学的主要内容分析

于学习者熟悉音标的前提。如果他们对音标不熟悉，他们可能会觉被额外的学习任务吓到，特别是如果他们还正在熟悉罗马字母的阶段(有的学习者的母语可能是另外一种字母)。而另一方面，音标不难理解，特别是读起来并不难(与书写音标相反)。多数辅音都是容易辨读的，因此，学习音标的主要任务是了解许多的英语元音是怎样发挥作用的——如果需要的话，这可以通过若干课时来实现。所有好的学习者词典都使用标准音标，这意味着运用词典来完成关注语音的活动可以进一步强化音标的学习和使用。

学习者需要见到一个新词汇的频率应该是多少次呢？传统上，人们认为过于频繁地接触书写形式会打乱正确的发音习惯。这一点对于英语来说尤为突出(这种观点是有争议的)，发音—拼写的匹配是完全不可靠的。能够完全正确地说出 cupboard、suit 和 island 这几个词的学习者，如果只是听过这几个词的发音，在见到这几个词的书写形式后，反而常常将它们发音为"cup-board""sweet"和"is-land"。基于这些原因，过去常常是在学习者充分熟悉了词汇发音形式之后才呈现其书写形式。但是，与之相反的观点却认为，由于学习者最终会见到书写形式，因此直接处理发音—拼写的误匹配问题比延后解决会更好些。毕竟，学习者在第一次听到新词汇的时候，就可能形成这些词汇的拼写形式的心理表征。因此，这种心理表征最好是准确的。而且，英语中的发音—拼写不匹配的特例总是被夸大。的确，有一些拼写是特别难把握的，但是绝大多数英语词汇还是符合相当小的一系列规则的。抛开这个问题的话，先不呈现拼写形式，还会剥夺学习者自己观察这些规则的机会。因此，在听到一个新词汇后，马上让学习者试着拼写它或许是一种有用的策略。(或者，如果先见到词汇的书写形式，让学习者试着发音。)如果他们这么做有困难的话，教师可以提示他们，让他们回忆已经学过的发音相似或拼写相似的词汇。

相对于口头形式，从书写形式中更容易发现词汇词义的关键线索。在口语中，容易产生语音的连音，或者甚至是完全吞音，即便仔细地读像 handbag 这样的词，也会发得像 hambag 的音，而 police station 的音会发为 pleestation。缺少了关键的语形信息(就像 hand-和 police)，学习者就无法建立新词与任何知识之间的联系，或者无法将它"归类",因此就会觉得它不好理解,不容易记忆。所以,学习这个词就要花费更多的精力。一旦学生见到他们努力要弄明白的词的书写形式,许多有经验的教师都会发现学生由于认出了这个词而在脸上表现出惊讶的表情。不让学生见到书写形式结果可能会适得其反。

(二) 英语词汇教学实践

1. 新知识的融入

新知识(也就是新词汇)需要融入已有的知识,即学习者已有的词汇关联网络。也正如我们讨论记忆时谈到的那样,如果就新词汇做很多深入的决策,这个词就更容易融入这个网络。按照传统,呈现了新的语言项目之后,要马上对它们加以练习。通常,这样的练习是以某种口头重复的形式展开的,例如操练。这种机械练习背后的理念是人们公认的信念——"熟能生巧"。但是,仅仅重复新学的词汇并不能保证这些词能从短时记忆转移到永久记忆中去。词汇需要存储于工作记忆中,并进行不同的运用。这些运用包括:将词汇摘取出来,再还原回去,词汇比较,词汇组合,词汇匹配,词汇分类,以可视形式呈现词汇再打乱顺序,以及反复归类和回忆(因为词汇回忆的频率越高,回忆就越来越容易)。

2. 做决策的任务

教师可以使用多种不同形式的任务帮助学习者将词汇转到长时记忆中。其中,有些活动比其他活动更需要动脑筋。也就是说,这些活动在认知水平上要求更高。对于一组词来说,能应用的任务种类越多越好。学习者就词汇做决策的任务可以分为以下几种类型,按照认知水平要求由低到高,大致可以排列为:辨识,筛选,匹配,分类,分级和排序。换句话说,在辨识类任务后,可以进行匹配任务,接下来是分级任务。

筛选任务在认知水平上比辨识任务复杂,因为这类活动不仅包括识别词汇,还包括在词汇中做出选择。像下面"选出不同的一个"这类活动(仍以衣物类词汇为基础)就是筛选类任务。选出每组中不同的一个:

1) trouserssocksjeans　T-shirt.

2) blouse skirttiedress.

3) T-shirt suit shorts trainers.

这类活动不是必须有正确答案，重要的是，无论学习者怎样回答，只要他们能够说明选择的理由就可以。这里，重要的是认知的过程，而不是正确的答案。

3．输出性任务

做决策的任务从原则上讲是接受性的：学习者就词汇做出判断，但没有进行词汇的输出。输出性的任务是从要求学习者将新学的词汇运用到某种口语或者写作的活动中开始的。当然，可以进一步让学生谈论他们的决定，将这个任务简单地转变为输出性任务。

这类活动可以分为两种主要类型：补全型——补全句子或语篇，创造型——造句或写语篇。补全句子或者语篇的任务是指那些常被称为填空的任务，通常是写作任务。由于这种活动容易设计、好评分，它们常被用于测试中。这类任务有多种形式，但基本可以分为开放式填空和封闭式填空。开放式填空需要学习者调动他们的心理词库来补全空白。(尽管可能会给出线索，例如单词的首字母。)而封闭式填空中的词汇是给出的，例如在练习之前给出要填词汇的列表。学习者要做的只是决定哪个空该填哪个词。

第二节　语法、口语教学

一、英语语法教学

(一) 英语语法教学模式

语法教学模式有很多种，本节从演绎教学法、归纳教学法以及任务教学法进行讲述(表4-1)。

表 4-1　语法教学模式

模式	内容
演绎法	演绎教学法是从一般到特殊的过程。首先向学生介绍和讲解抽象的语法规则，产生初步的认识，然后借助范例进一步对这些规则进行详细说明，最后按照语法规则套用练习。 　　演绎教学法要求学生具有一定的思考、分析和比较的能力。例如，教师将一个含有助动词的问句写在黑板上，或引导学生注意课文上提供的范例，然后详细解释句中所包含的语法规则，包括结构形式和位置变化等。此时教师很有可能用汉语讲解，并与汉语中的类似结构进行对比，或者将新学到的英语语法结构与以前学到的结构加以对比。最后，让学生根据一些提示信息，尝试运用学到的语法规则进行语言表达
归纳法	归纳教学法是从个体到一般，让学生先接触一些含有要学习的语法规则的语言材料，以对所学内容有初步的印象。然后，教师对引导学生对该语法规则进行观察，并针对其特征进行抽象概括和归纳成，然后再进行大量的练习。归纳教学法倾向于发现性学习活动。例如，教师向学生提供语法规则的材料，通过听或读的方式，引导学生归纳总结出语法的使用规则。 　　归纳教学法强调，只要为学生提供足够的含有要学习的语法规则的语言材料，学生就能够自动掌握语法规则，教师无须讲解。如果再辅以具体的实物、图片、动作、表情、影像等直观手段，创建一个包含运用语法规则的具体情景，学生更容易建立语法规则与语言情景之间的直接联系，也就更容易理解语言规则所表达的意义，同时也能激发其求知欲。例如： 　　教师为了演示 this is，these are 这两种语言结构的用法，可以指着一本书或图片说：This is a book．This is a picture．然后，指着一摞书或多幅图片说：These are books．These are pictures．然后可以借助教室内的其他物品举出类似的例子
任务法	语法教学过程实施的任务教学具有以语言形式为中心的特点。这类活动可分为两种，一种是具有隐性特点的语法活动。例如，教形容词、副词比较级时，先向学生提供图表，然后让学生与同桌讨论一些食品和烟酒的价格、味道、重要性等，并鼓励其说出自己的真实意见进行语言输出。 　　另外一种以形式为中心的语法学习任务具有显性特点。例如，教师将写有正确与错误两类句子的卡片发给学生，引导学生阅读、讨论，选出符合语法规范的正确形式，最后总结包含该语法点的语法规则

(二) 英语语法教学技巧

英语语法教学技巧如下表所示(表 4-2)。

第四章 英语教学的主要内容分析

表 4-2 语法教学技巧

方法	具体实施
迷你情景	"迷你情景"是一种展示手段，可以用图片、音像制品等展示，教学步骤如下： 1.根据要展示的语法内容选择适当的图片或录像； 2.就图片或录像提问以展示新的语言内容，也可设计表格组织学生填写； 3.根据图片所示讲解所展示内容的用法； 4.学生模拟情景练习。 如在展示 have something done 这一结构时可利用下面的图片，然后根据图片进行问答 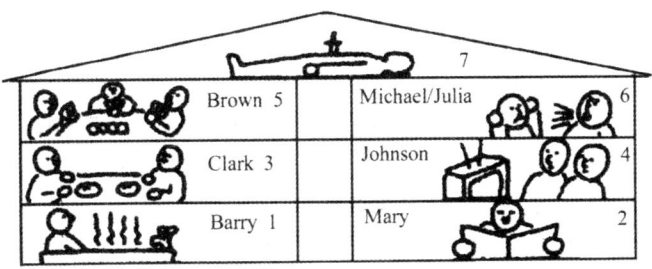
图片案例	图片案例是通过图片构成的故事展示语法项目的一种方式，比如在展示过去进行时的时候可借助下列图片故事： 具体可参照下列教学步骤： 1.教师将学生导入情景，如： T: Morning, boys and girls. Today, we are going to learn about a murder. The murder happened at 8'clock last night. Here is the details of the story. 2.展示图片； 3.组织学生进行小组活动调查案例，活动开始之前教师应将活动任务交代清楚，比如： T: Now suppose you were the detective. Interview your classmates about what those people in the flat were doing when the murder happened last night. Write down what your interviewees say and report to the class. 4.学生汇报调查情况； 5.教师总结学生活动，发动学生归纳过去进行时的用法。

续表

方法	具体实施
野餐	野餐可用来练习 be going to 的用法或用来练习所学习的物质名词等，是一种交际性语法练习活动。具体操作如下： 1. 将学生分成四到六人的小组； 2. 交代活动的内容和要求，如：This weekend, we are going out for a picnic. Now please decide what to take. Make a list of the things your group are going to take and report when you have finished your talking five minutes later. 3. 学生分组讨论； 4. 各小组汇报讨论情况。
旅游	这种交际性的活动，可以使学生通过旅游模拟练习掌握特定的语法，比如"疑问词+不定式"的用法。下列步骤可供参考： 1. 将学生分成偶数的小组数个； 2. 将小组分成两部分，一部分为游客，一部分为土著居民； 3. 游客将要在一个小岛上旅游，但对该岛十分陌生，因此他们列出自己想问的问题，如： We would need to find out… …how to get to the capital. …where to stay. 4. 土著居民的小组同学要想象游客们可能遇到的一些问题，提前准备好如何为游客提供帮助； 5. 游客组和土著居民组合并进行旅游咨询。
虚拟情景	在语法的课堂教学中，教师可以利用"虚拟未来"来设计活动，训练虚拟语气的用法。该活动可采用小组或全班活动的方式。比如小组活动： 1. 将学生分成四到六人的小组； 2. 拟订话题，如：If I were you，…/If I were a manager…等； 3. 学生于小组内交换自己对这种虚拟未来的假设，并将各个同学的畅想进行归纳总结； 4. 各小组面向全班介绍自己小组同学的"虚拟情景"。
猜测模仿	该活动通过对动作的描述练习现在进行时，可采用下列操作方式： 1. 根据课堂所学习的动词设计动作卡片； 2. 叫一名同学到讲台前表演出提示的动作； 3. 其他同学用完整的句子对该动作进行描述，如： You are opening a tin. You are eating a banana.

第四章　英语教学的主要内容分析

续表

方法	具体实施
	或采用猜测的方式： Are you drinking beer？ Are you watching a comedy on TV！ 注意：该活动也可以以小组活动的方式进行。应尽可能减少表演的时间，增加学生猜测的时间。 类似的猜测活动还有根据声音猜测动作，根据侧影轮廓猜测等。如下面就是用于侧影轮廓猜测的部分材料： 具体教学中教师可根据学生的具体情况以及语法内容设计自己的猜谜游戏。
原因探究	原因探究要求学生在解释时必须使用某句型，不控制学生的想象力，学生可以充分发挥自己的想象力，做各种各样的解释。比如用 something prevent somebody from doing something 的句型解释一种现象。具体操作如下： 1.教师提前设计多种解释的情景； 2.交代活动任务，要求学生必须使用 something prevent somebody from doing something 的句型进行解释； 3.教师提示各种情况； 4.学生根据自己的想象给予恰当的解释，如： T：Tom was absent from school yesterday. S1：Illness prevented him from coming to school yesterday. S2：Laziness prevented him from coming to school yesterday. S3：His uncle's visit prevented him from coming to school yesterday. 该活动如用来训练 because，学生的回答会更灵活一点。

续表

方法	具体实施
爱好选择	"爱好选择"是一种个性化练习，要求学生根据自己的真实情况做出喜恶选择。如： Which do you prefer, Eating at home or dining out? Traveling by bus or by plane? Writing letters or telephoning? Living in the center of the city or living in the suburb? 该活动还可用于比较级和最高级的教学之中，组织学生将自己手中的真实物品进行比较，将自己的工作、爱好等各方面进行比较。该活动可采用全班活动的、两人或小组活动等方式

二、英语口语教学

说到口语教学，人们自然就会想到交际教学模式、任务型教学模式，而教学过程方面自然会想到 presentation，practice，production 的教学程序。就口语教学而言，功能的展示、训练、应用是不可缺少的环节。因此，口语功能掌握目的还是为了交际。

（一）口语的功能

功能(function)即做事，也就是人们运用语言的行为和目标。英语课程标准中对英语口语提出了 11 项功能，其中社会交往方面列举 20 项功能，见表 4-3。

表 4-3 英语课程标准中社会交往功能列表

类别	功能	例证
社会交往	问候	Hi, how are you doing?
	介绍	May I introduce…?
	告别	I am afraid I must be leaving now.
	感谢	It is kind of you to…
	道歉	I am sorry to interrupt you.

续表

类别	功能	例证
社会交往态度	邀请	Would you like to…?
	请求允许	Would you mind if I…?
	祝愿祝贺	Congratulations! Have a nice journey.
	提供帮助	Let me take your luggage.
	约会	Could we meet at…?
	打电话	Can I take a message?
	就餐	Help yourself to…
	就医	What's the matter?
	购物	That's fine. I will take it.
	问路	Excuse me. Could you tell me the way to…?
	谈论天气	What's the weather like…?
	语言交际困难	Could you say it again?
	提醒注意	Make sure that…
	劝告	You should…
	建议	Why don't you…?
	同意不同意	That's a good idea.
	喜欢不喜欢	I don't like…
	肯定与否定	There is no doubt that…
	可能与不可能	It is impossible to…
	能够与不能够	He is able to…
	偏爱和爱好	I prefer…
	意愿与打算	I'd like to…
	希望与愿望	I wish I were…
	表扬和鼓励	Keep trying!
	责备与抱怨	What do you mean by…?
	冷淡	I don't care…

类别	功能	例证
情感	高兴	That's lovely.
	惊奇	Really?
	忧虑	Anything wrong?
	安慰	It's all right.
	满意	Well done!

续表

类别	功能	例证
情感	遗憾	What a shame!
	同情	I am sorry to hear…
	恐惧	You scared file!
	愤怒	Damn!
时间	时刻	Excuse me．What's the time，please？
	时段	How long have you been…?
	频度	How often do you…?
	时序	What did you do then?
空间	位置	Where is…?
	方向	Which is the way to…?
	距离	How far is…?
存在	存在	There is…
	不存在	There isn't…
特征	形状	What does it look like?
	颜色	What color is…?
	材料	What is the table made of?
计量	价格	How much is…?
	规格	What size…?
	年龄	How old…?
	长度	How long…?
	宽度	How wide…?
	高度	How tall…?
	数量	How much…?

类别	功能	例证
比较	同级比较	as…as…
	差别比较	…than…
逻辑	相似和差别	the same as…
	原因和结果	Why…?
关系	目的	Why…?
职业	工作	What's your job?
	单位	Where do you work?

第四章 英语教学的主要内容分析

从表 4-3 可以看出，英语课程标准采纳的是一种比较宽泛的功能理念，把意念(notion)与功能合二为一，其一级和二级标示也未能区分功能和意念。其实，其中很多都属于询问信息和提供信息的功能范围，不管是询问时间、地点、职业还是年龄，不管是比较还是计量都不过是所咨询的信息内容而已。我们可以把这些归为一种功能，即询问信息、咨询信息、提供信息等。其实口语交际不只是问候、邀请、致谢，同时还有信息的表达、信息的转述、观点态度的理解等。

语言本身具有交际功能，这与语言本身包含言内行为和言外行为有关。不同的语言形式承载着不同的交际功能，如委婉语就具有礼仪功能、"避讳"功能、鼓励功能、礼貌功能和掩饰功能。

在社交场合，委婉语可以避免尴尬和唐突情况的发生，可以用来掩饰说话人不愿直说的事，使交谈顺利进行；表达意见、建议、批评时，委婉语可以帮助避免对方产生逆反心理。为了不给不幸者造成更大的伤害，减轻负面暗示，甚至化消极为积极，我们可以使用委婉语来帮助与不幸者的正常交际。

在口语教学中我们要帮助学习者理解语言的字面含义和交际功能。我们不仅要让学习者掌握语言的交际功能，同时还要注意语言交际中副语言的影响。

(二) 口语训练的重要意义

1. 扩充学生的词汇量

虽然是口语，但还是要强调学生注重积累单词量的重要性。单词是英语学习的基础。因此无论是听懂还是会说会写都离不开积累词汇。要锻炼学生的口语能力，就要帮助学生在日常生活中多主动地去接触不认识没听过的单词，在对话中有听不懂的单词会印象更加深刻。这样可以教给学生准备一个扩充自己口语的词汇小本子。比起教材中的词汇表带来的压力，学生更容易接受自己整理的一些词汇。比如我们在课堂中老师用英语对学生进行提问或者交流心得，在师生的对话过程中学生会有一些听不懂的单词经过老师的解释就会明白，在这个基础上自觉地整理到自己的单词本上就能反复练习掌握。因为都是口语常用的词汇在下一次在对话中用到这些词汇的时候学生就能学以致用，然后熟能生巧。在训练口语的过程中无疑是对学生词汇量的有效扩充。让学生产生思考，然后主动地去探索去学习和积累。比如两个学生在日常对话会遇到某句话某个单词不会说的情况，在这个时候会自动激发学生查询学习的欲望。这个过程是很好的锻炼和积累学习的过程。因此，锻炼口语是也是积累单词的一种有效方式。对于提高学生的学习兴趣和学习成绩都有很大帮助。

2．提高学生的自信心

我们都知道"兴趣是最好的老师"。其实很多学生成绩好都是因为对科目的喜欢。因为感兴趣才能被吸引，在学习的过程就少了许多负担多了许多渴望。英语口语能更有效地激发学生的兴趣。在课堂上老师可以留出一定的时间给学生进行口语交流。可以根据本课学习的课程对话自己改编，小组或者同桌之间进行简单的对话练习交流。在班内可以建立英语角，学生们主动加入这样的活动中可以互相练习，指正。教师是一个引导者。引导着学生用正确的表达方式进行反复练习。无论是书写能力还是口语能力都需要教师的引导和鼓励。以前的一些教学方式过于看重学生的试卷分数从而忽视学生对口语的培养。以至于造成很多学生"难以启齿"的现象。总是没有自信觉得说不出口，自己发音不标准等气馁的表现。因此可见在英语学习的同时要不断地说出来才能越说越好。当学生积累一定的词汇量的时候就可以由简单的单词句子到表达复杂高级的句子。这在一定程度上可以提高学生的自信心，只有有自信心可以学会的知识才能真的学会。

3．形成随时学习的习惯

学习不仅仅是在学校在课堂上，而是一直贯穿于我们的成长生活当中的一项活动。学生在日常生活中也要多多培养自己学英语的习惯。现在我们可以接触到的英语随处可见。比如有专门符合中小学生不同年龄段的中英文杂志。养成阅读英语杂志，有不懂的单词标出来对应翻译整理。大声朗读同时也是刺激大脑学会说的过程。我们平时在电视互联网中接触到的英语广播、新闻和电影电视剧等都有许多比较合适的有意义且有趣的节目。学生在课外接触到的时候不光是看节目

第四章 英语教学的主要内容分析

本身，应该有意识地去记住一些有意义的句子，名言名句或者让你感动的表达语句。反复诵读或者用自己的方式去配音练习都是一些比较实用且有趣的课外学习英语提高口语的方式。有助于培养学生形成不停地学习的习惯。在潜移默化中能提高自己的口语能力。不拘泥于只死记硬背课本的单词句子。

(三) 口语教学的方法

1. 加强听力训练，增加语言输入与储备

美国心理语言学家 Wilga M. Rivers 认为，听的过程不仅是一个接收的过程还是一个建立的过程。听是语言中最基本的输入方式，也是进行语言交流的第一步，是语言、知识、信息获取的重要手段，学生在开口说之前必须先有大量的语言储备。做到这一点的前提就是学生必须听懂老师所讲的内容。当大量的语言储备使开口说话、表达思想进行语言交际成为学习者的愿望时，会有真正意义上的口语会话，这也是大量听的必然结果。因而在听懂的基础上进行模仿，可加快反应，提高说的能力。外语听说课教学的主要任务就是要培养学生根据不同语境运用所学语言的能力。因此，教师应根据语境特点组织教学，为学生创造丰富的语言环境，激发学生的交际愿望，提供应用语言的机会和恰当的方法，使学生在逐步掌握英语的语音、词汇和语法的基础上逐步了解目的语的文化内核，逐步做到"把恰当的词用在恰当的地方"。

2. 创设问题情境，实施启发式教学

在教学过程中要紧紧围绕实用为主的方针，选择合适的输入材料和方法，学生能很好地输出，用口语进行交流。关于输入材料的难易程度，笔者认为，要选择相对容易的，学生能够接受的材料。首先要让学生克服心理上的紧张感，敢于开口讲话。输入的材料要贴近生活，要以实用材料为主，创设问题情境。例如，对学生提问"What is the usual gift for Christmas"。对学生而言，回答这类问题的普遍心理和思维活动是回忆，因为并没有亲身的体会，学生答出的往往只是一些单词而已。而提问"what do you want to do in your holiday"就会让学

生主动地想与自己的生活有关的事物。提问时尽量让学生详细地描述,而不是仅仅回答"Yes or No",要尽量提发散式的问题,即答案不是唯一的,学生回答时往往有多种选择,这样容易调动学生用口语表达的积极性。在口语课上教师永远是导演而不是演员。教师应充分调动学生的积极性,培养学生学习的自觉性,引导他们主动参与,主动提出问题,主动回答,主动训练自己的技能,充分发挥自己的潜能。教师不妨在引出某一话题后,通过两人对话、角色扮演、小组讨论、分组表演、集体讨论等多种形式,利用学生自身去发现问题、解决问题,让他们之间形成互动,积极地配合教师完成每一个话题的讨论。例如,学生—学生,学生—教师,投影—学生,录音—学生,实物—学生。应该注意的是,目前受"英才教育"和片面的"应试教育"的影响,教师只把"发挥"的希望寄托在"优生"和部分"中等生"的身上,殊不知这样做的结果只能是启发了少数,淘汰了多数。

3. 注重对话与自由交谈,实践研讨式的教学方式

对话和自由交谈是练习英语口语的一个行之有效的方法,它可以提高学生讲英语的兴趣,进而形成习惯。在每次上课前的几分钟用英语和学生进行交谈,向学生提出一些简单却时常碰到的问题,如:How do you usually go to work? How can you get along well with your colleagues? Who is your favorite actor/actress? 学生充分发表自己的看法,达到练习口语的目的;讨论之后,教师做概括性总结。我还鼓励学生遇到不会说的地方,为了表达思想的连贯,可以使用一些中文,课下再去找不会的词或词组,使他们逐渐养成用英语表达思想的习惯。同时,在对话与交谈的基础上,注重对相关问题的研讨,让学获得正确表达自己思想的基本途径。例如,在讲授"To Lie or not To Lie the Doctor's Dilemma"(撒谎还是不撒谎是医生的难题,大学英语第四册第五课)一文时,给学生提出了这样的问题:What do you think the doctor should do, to lie or not to lie? 学生积极发表自己的看法,讨论异常激烈。教师在出讨论题的时候,一定要注意提出的问题要有争论性,要符合当前的形势,使学生能够针对社会现实发表自己的看法。

第三节 听力、翻译教学

一、英语听力教学

听力教学方法指导听力教学实践，对于听力教学的改革需要对其方法进行改革与提高。

(一) 听力教学主客体任务

1. 学生任务

在听之前，我们知道了解要听的段落的信息是有用的，除此之外，还有一些信息是有用的。一个是说话者的声音和说话的方式。这包括调高(高或低的声音)、口音、音量和音乐家所说的音质(类似于音色的东西)。讲话风格也有很大不同：有的人爱打比喻，有的人使用短句子，句子里多用单音节词汇；还有人可能使用在复杂性和句法上都类似书面语的演讲，比如大学教授讲课，或电视新闻节目里政论家的时评。所有这些信息都能让听的人去预测说话人要说什么和怎样说。听前学生需要了解的信息和获知信息的渠道见表 4-4。

表 4-4 听前学生需要了解的信息和获知信息的渠道

听前学生需要了解的信息	学生获知信息的渠道
说话人的声音/说话方式	使用"试音"(短的"试音"，能让听的人熟悉声音)
文本的长度	(由教师)明确指出
目标听众及听众的职责(参与、批评、欣赏等)	由教师/材料暗示或明说
听者和说者之间的关系(友好的、上下级的等)	由教师/材料暗示或明说
文本的功能(娱乐、传达等)	暗示

续表

听前学生需要了解的信息	学生获知信息的渠道
有关话题的信息	集思广益、讨论、预读、研究项目
专业词汇	预教、预读
他们需要做什么	写在教材里或者由教师布置(并通过问学生问题进行核实)

2. 教师角色

导游：教师要能够指出有趣的地方(那段口头语法、这句俚语、学生母语里也有的比喻)，并忽略所有无趣的地方。并且，就像优秀的导游那样，他们应该确保在继续往前走之前没有人掉队。

裁缝：听力文本要"适合"班上的学生，就像西装和礼服一定要和穿衣人相匹配一样。话题、水平和语域等都要恰当。

侦探：上课前，教师要能够像侦探分析案情一样分析录音里的语言。他要问这样的一些问题：学生明白这个习语吗？他们能应付这里的各种动词时态吗？他们能够解读这个段落里所有的缩写形式吗？他们需要解读吗？他们听得懂这个笑话吗？

消防队员：如果一切都弄糟了，听力材料太难了，教师就需要把所有人带出困境，就像消防队员要把人们带到安全的地方那样。

密探：在学生听的时候，教师应该观察学生的手和脸。学生是在写答案吗？他们看上去很困惑吗？谁听懂了在点头？为什么有个学生翻看的是错误的一页？

工程师：在使用录音材料时，教师不仅需要具备使录音设备工作的知识，而且更重要的是，要具备能应付有时设备不工作的能力。

医生：教师需要是诊断专家。出什么错了？为什么？是因为速度的问题、词汇的问题、口音的问题、话题的问题，还是因为今天是星期五，暖气太热的问题？

单口喜剧演员或者讲故事的人：教师常常是最好的输入来源。能"抓住"听众的教师具有一种宝贵的才能(即确保你在听众停止听之前，闭上嘴巴)。

(二) 学生听力学习步骤

1. 听大意

在课堂上,学生们通常听第一遍听力材料时,只是听大意,即听出主要意思。在开始讨论录音材料的主题、分析语言、研究其发音特点等活动前,学生需要理解说话者整体的交际意图,这就构成了接下来要分析文本的语境和工作的基础。

2. 听细节

如果我们要求学生在听第一遍时要听大意的话,那么通常会要求他们在听第二遍时要听细节或听具体的信息。近几年,心理学家发现,人们将注意力放在细节上,就会忽略其他信息。

提取需要的信息的技能,要求学生具备忽略听到大多数东西,而只专注于与自己相关的信息的能力。训练这种能力的方法主要有以下几个。

(1) 时间、日期和数字

许多听力材料里有很多时间、日期和数字。我们可以让学生把它们记下来,还可以记下它们所代表的意思。这个练习在真实生活中的应用就是记电话号码或地址。

(2) 讲两遍故事

这个活动是要学生听出他们已经遇到过的内容所发生的变化。在这里,是一个故事。教师把这个故事讲两遍。第二遍有一些细节发生了变化。学生的任务是记下所有听到的变化或者做一些手势或动作(举手、拍手或起立)来表示他们听到的变化。

(3) 宾戈游戏

这个活动非常适合于选择性听,尽管它实际上是阻碍了学生听整体的意思。就这一点而言,只能在听完第一遍,掌握了大意之后才能做这个活动。教师在黑板上写一串听力材料里出现的单词。这些单词都必须是实词——名词和有些合适的动词。学生各自从中选择并写下七个单词(或无论多少个,只要是教师感觉合适的就行)。然后,他们听听力材料。只要选的单词在听力材料中出现了,他们就要给它打钩。当钩掉所有的七个单词后,他们就大喊 Bingo。

(4) 混合重点

学生听相同的听力材料,但重点放在不同的信息上;或者是"收听"不同的说话者。例如,如果录音是两个人在就某事发表意见,听者 1 听说话者 A 的观点,听者 2 听说话者 B 的观点。这个活动还可以有很多个变种,这取决于所使用的材料。例如,对高水平的学生,可以让一组人听习语,而另一组人听形容词。

(5) 看出不同之处

学生看一张图片,并听对这张图片的描述。口头描述包含了一些与图片不同的地方。学生要听出这些不同之处,并在图片上标出来。

3. 推断

推断与图式理论有紧密的关系,因为它要求在我们的大脑里呈现出一个情况会如何发展的"模式"。推断是我们对话外意思进行推理的一种思维技能,它完全是对我们所认识的环境进行类比。

我们不会在每次听的时候都情不自禁地要进行推断,只有在特定的时候,才会进行较高层次的推断。这要求情景必须有一个推断的结果,要么是隐藏的没有说的话,要么是情景背后隐藏的事实。换句话说,有一个需要听者填补的"空白"。叙述中的空白是在阅读理论里得到了重视,阅读理论声称这些空白迫使读者要去想象或帮助生成文本。事实上,这种文本的"合作生成"的确是我们喜欢阅读的缘由之一。但是空白的情况不只在阅读上有,在听力上也是存在的。教学过程中,教师要注意,问学生的问题是如何超越书页/录音的范围的(要求学生一边听,一边读)。

可以使用暂停与预测的方法练习推断。这个活动的一个优点是随着文本的逐渐展开,对有关它的故事情节、口吻、主题、风格和语域,听者的猜测会越来越准确。这个活动主要是制造文本的空白,而听的人要填补这个空白。教师不时地暂停录音或叙述,问学生他们接下来会发生什么,为什么。

4. 做笔记

做笔记有日常和学术两种用途。在日常生活中,我们可以在打电话或开会时

第四章 英语教学的主要内容分析

做笔记，与配偶或同伴交谈时写购物清单，随便写一下我们要做的事情，或者在信封背面记下某些临时的想法。当然，写这种形式的笔记与其他用途(譬如大学里使用的这种技能)，是有很大区别的。后者的语域一般都更正式，输入的时间也更长，并且图式也更具体，这是因为话题是一个学术科目，所以一般都要求听者与说话者具有一定的专业性。

做笔记迫使学生挑出谈话或演讲中的重点，可以将其注意力提升到一个更高的层次。对许多学生来说，尤其是那些大学里的学生，做笔记是一项重要的生活技能，因为它可以把信息记录下来留作以后用。

(三) 听力教学的方法

1. 听前引导

在给学生上听力课时，教师不能只是给他们放录音带，也不能只给他们解释一点词汇或者短语，而是应当用已有的与材料相关的知识来引导学生。比如，老师可以用简短的讨论进入主题，让学生根据听力题目或者预先给的一些暗示来猜猜听力的内容，从而帮助学生理解所要听的材料。通过这些方式，可以让学生对将要听到的内容有所期待，也从心理上进入一个准备阶段。更为重要的是，要给学生一个可选择的任务与目的。没有一定的目的，学生将处在一片黑暗之中，当他们努力地想记起一切的时候，事实证明到最后他们什么也想不起来。所以，应当尝试在播放听力材料之前给学生一些问题，或者要求他们挑出两到三个要点，或者给出听力过程中的主要步骤。设计一些有特点的与主题相关的任务，摒弃无关的信息。有时候材料过长的话，可将材料分割成几个部分，根据不同部分的内容提一些相关的问题。如果材料有一定的难度，可先用简单的语言来表述，但是切记不能说太多或者自己将材料重复地跟学生叙述。否则，学生将可能因此而对材料失去兴趣。同时，也可以培养学生在听听力的同时做笔记的能力，在听听力材料之前给学生一些相关的问题，这样一来学生就更有目的性，效率也会提高。用这种方法，学生就不会遗漏材料中的一些要点和细节，同时，这种方法也有助于学生理解较长的听力材料。

2. 听写辅助

另外一个能提高学生听力理解能力的方式就是做一些听写练习，特别是对一些只通过读写方式而非听的方式学习外语的学生来说，他们在分辨与认识发音上有很大的障碍。通过听写练习，他们可以有很大的收获。比如，材料中如果存在很多同音词，学生就必须更加注意，他们会通过全篇材料去理解这些同音词的意思。通过这种练习，可以在训练听力的同时，加强他们拼读与写的能力。如果经常使用这种训练方式，将会给学生的英语学习带来极大的帮助。当然，听写的材料不宜太长，难度应合适，否则学生会感觉超出了他们的理解范围或者超出了他们的兴趣范围，可能会产生厌烦心理甚至排斥心理。所以，选择合适的材料做合适的练习，才能有效地提高学生的听力理解能力。

3. 抓住重点

通常，学生们喜欢把材料里的每个单词都理解清楚。事实上，不同的听力材料在不同的语速下，大部分学生特别是听力能力不是很好的学生，想听懂每个单词基本上是不可能的。对于这些学生而言，要把每个单词都听清楚并弄懂它的含义，往往可能会顾此失彼，跟不上听力内容的速度，只能抓住其中的部分意思。甚至有的学生由于过于纠结于某个单词的意思而错过了听力材料的大部分内容，得不偿失。所以总的来讲，只要学生能把听力材料的重点，即能帮助理解材料的内容听懂并理解就可以了。一般来说，一篇材料里的诸多新单词并不会影响学生理解全篇大意。所以教师应当经常提醒学生要听重点，根据问题留意某些细节就可以了，教会学生如何抓住听力材料的重点。

4. 营造氛围

良好的语言学习氛围是很重要的。在课堂上，教师应尽量使用简单易懂的英语来训练学生的听力。一般来说，学生在刚开始进行听力训练的时候会有一些困难。教师不妨用一些汉语和肢体语言来帮助学生克服困难。然后循序渐进，学生的听力能力提高后，教师可逐步增加英语的量，直至完全使用英语来授课，这样有利于营造一个轻松的语言学习氛围。同时，也不会因为难度过大而打击学生的学习积极性与自信心。培养与保持学生的自信也是英语教学中非常重要的一环，只有自信的学生才能更加轻松地融入第二语言的学习中去。

二、英语翻译教学

(一) 英语翻译的方法

1. 直译与意译

直译与意译是将原文和译文进行比较，对比译文和原文在内容和形式上是否统一。

(1) 直译

所谓直译，就是在译文语言条件许可的条件下，在译文中既保持原文的内容，又保持原文的语句形式——尤其是保持原文的形象比喻和地方民族色彩等。例如：

Dark horse 黑马

Chocolate 巧克力

Cold 冷战

(2) 意译

而意译是指当直译时不能传达原文的思想内容或者与原文内容有矛盾时就要采用意译法。即不拘泥于原文的语言形式，以译出原文所要传达出的意思为主。

例如：

the moon 直译：月亮 意译：玉兔，月桂，婵娟。

long hand 直译：长手 意译：一字不漏。

Lu Xun put his hometown on the map.

直译：鲁迅把他的家乡放在了地图上。

意译：鲁迅使他的家乡声名远扬。

由于文化的不同，有些语句不能采用直译，只有意译才能传达原文的意思。

例如：In many forms, green hands need to a period of training。

直译：在很多公司，绿色的手都要接受一段时间的培训。

意译：在很多公司，新手都要接受一段时间的培训。

如果我们用直译翻译"green hands"，中国人肯定不能理解它的意思。在英语文化中"green hands"表示新手、嫩手、没有经验的人等，和汉语中的"green：绿色"意义不同。

2．增译与减译

(1) 增译

增译法，即增加式全译，是一种全译的方法，又叫增词法，指在翻译过程中根据目的语和原语之间在思维方式、语言习惯、表达方式等方面的差别，适当地添加一些词、短语或句子，将原文中隐含的意义突显出来，更准确地表达原文意义。

增译法是指为了能更好地传达原文的语义而在翻译时增加原文没有的信息等。一般有两种情形：一是根据原文的上下文信息，在表达时增加原文没有显现却意思的词句等信息；二是增补原文句法上的省略成分。因此，增译的原则实际上是"增形而不增义"。

例如：

1) I am looking forwarding to the holidays.

我们等待假日的到来。

2) 子曰："学而不思则罔，思而不学则殆。"

Confucius said："He who learns without thinking is lost.He who thinks without learning remains puzzled."

(2) 减译

减译法：这是与增译法相对应的一种翻译方法，即删去不符合目标语思维习惯、语言习惯和表达方式的词，以避免译文累赘。

在英语中，多个简单句描述一个事物或表达一种情感时，虽然主谓结构不一定都相同，但是其主谓结构围绕的主题都是相同的，所以翻译成汉语时，可以找准多个简单句之间的关系，提取共同的主语，使译文简洁精练。

1) The earth goes around the sun.

地球绕太阳转。

2) 中国教育家陶行知非常重视教育工作。

The Chinese educator Tao Xingzhi had always attached great importance to education.

3. 分译与合译

(1) 分译

分译法有以下几种形式：

抽词法：将句子中的某个词抽出来，单独翻译为句子。例如：

1) A movie of me leaving that foxhole would look like a shell leaving rifle.

我离开那个单人掩体速度之快，要是拍成电影的话，会像出膛的子弹一样快。

2) He, not surprisingly, did not come at all.

他根本就没来，这在预料之中。

短语分译法：在翻译过程中，为了让译文能够更加通达地传达原文的内容与思想，在很多情况下，译者都必须根据实际情况将原文的语言结构做出较大的调整与改变。短语分译法指把原文中的一个短语分译成句子，使原文中的一个句子分译成两个或两个以上的句子。使用分译法翻译短语，要求摆脱原文语法结构的限制，灵活变通句型，在传递原文信息的基础上，使译文自然符合汉语的规范，以确保译文忠实且通顺易懂。一般来说，名词短语、分词短语与前置词短语的翻译有时都可以分译单独成句。例如：

1) Built in 1192, the bridge is over 700 hundred years old.

这座桥是1192年修建的，至今已经有700多年的历史了。

2) Sunrays filtered in wherever they could, driving out darkness and choking the shadows.

阳光照在所能透过的地方，赶走了黑暗，驱散了幽影。

句子分拆法，一般常用的有顺拆法和倒拆法。顺拆法：把句子按意群分成片段,将片段按原来的顺序译出。但拆译后的句子相互间必须衔接,这往往需要加词。例如:(1)Actually, it isn't, because it assumes that there is an agreed account of human rights, which is something the world does not have. 倒拆法:打乱原来的顺序,将后面的提前译出。例如:He did not remember his father, who died when he was only three years old.他三岁时父亲就去世了,因此,他不记得父亲。

(2) 合译

合译法就是将不同的句子成分组合在一起,使其更符合汉语的表达方式。

例如:

过了两年,他又换过学校,却遇见了一个值得感佩的同事。那同事是个诚朴的人,担任教师有六七年了。

Two years later he changed to yet another school, and there he met a colleague whom he could not help admiring and feeling drawn to, as he was a sincere. plain—spoken fellow who had been a teacher for six or seven years.

She was born in a very small town. The town is in the north of China near the sea. 他出生在中国北方一个沿海的小镇。

(二) 英语翻译教学的方法

1. 采用多样化教学手段,激发学生兴趣

兴趣是学习的内在动力,要激发学生的兴趣,充分调动学生主动学习的积极性。激发学生对英语翻译兴趣是提高教学效果的基础,翻译教学要以学生为中心,要充分调动学生的积极性、主动性。教学中要运用丰富和新颖的内容,或热点和大众关注的事件,让学生讨论,激发学生兴趣。

英语翻译是一个将信息输入和输出的过程,在这个过程中要准确理解才能做到准确表达。词汇的掌握程度影响着英语翻译的表达和准确性。词汇运用能力差会导致在翻译表达时陷入词穷,在翻译过程中找不到一个合适的词汇来表达意思,甚至出现翻译错误。在课堂上学生可以对新词语的翻译进行互动讨论,从而激发

第四章　英语教学的主要内容分析

学生的学习热情，并多加训练与实践，达到活跃课堂氛围的效果。教学课堂上采用听歌曲、讲故事、角色扮演等方式，让学生参与教学活动；也可组织开展翻译竞赛、安排访谈、原声电影台词英译等灵活多样的形式与内容，提高学生参与的积极性，激发其学习兴趣。

教师要在教学中不断变换不同情景与方法，增加学生互动，提升学生的积极性、主动性。要以学生为教学活动的中心，突出学生主动学习为主，以教师引导为辅，这样可以活跃整个翻译教学课堂，营造良好学习氛围。翻译练习要重质量，不能重题海战术，要做好针对性的重点讲解，让学生真正掌握知识点，同时教学中采用灵活多样的课堂教学形式，让学生主动学、积极思考，提高对语言的应用与分析能力，让学生体会翻译的妙处，体会推敲的过程中，实现翻译信、达、雅的完美境界。

2. 提升文化差异意识，加强翻译技巧实际应用能力

语言与文化息息相关、紧密联系，语言反映文化，蕴含着一个民族的行为模式与思维方式。由于中文和英文有着不同的文化、不同的历史背景，汉语和英语在各自的词义渊源、深层民族文化内涵及其价值取向等方面都存在较大差异。在进行翻译教学时应该融入跨文化知识，了解两种文化和语言的差异，提高学生文化差异意识与翻译技巧的实际应用能力。英语是以西方文化为基础的一种语言表达形式，不同于中文表达，在翻译中要引导学生克服母语迁移的影响，理解翻译过程中的文化差异，提高汉语和英语处理文化差异的能力，从而提高翻译的总体质量与水准。如果学生缺乏英语文化背景和文化常识，会在翻译过程中导致词不达意或不符合语言习惯的错误表达。

教师在教学中要努力创设良好的英语环境，在英语交际中发展学生英语思维能力，对学生的英语语言思维进行多方位、多角度的训练，提高学生用英语思考问题、回答问题。在翻译时要充分认识中英两种语言文化思维方式的差异，了解文化对语言表达的影响，避免因此造成的用词和用法不当。

为了让学生能更好地了解不同语言文化差异，可在教学中提供有关国际关系、

文化差异的材料，拓宽学生的知识面，了解国内外社会发展，特别是了解不同民族文化，实现语言教学与文化教学相结合。培养学生通过多种途径，获取更为丰富的跨文化知识，提高学生文化修养，提高翻译的准确性和转换能力。

第四节 阅读、写作教学

一、英语阅读教学

阅读是人们获取信息的重要手段，更是学习英语的主要任务之一。本节在讨论流畅阅读理论的基础上，探讨阅读教学的原则和培养阅读能力的各种手段。

（一）英语阅读的教学意义

1. 英语阅读有助于全面提高英语能力

英语阅读逐渐成为我国学生、研究者、企业管理人员获取信息的主要手段之一，也是相互交流思想的便捷途径。阅读是人们最必要的学习工具之一，是通往周围世界的窗口。阅读是自学的条件，是终身学习的基础。英语阅读在提高英语学习者的英语语言能力方面发挥着不可替代的作用。吴古华(2000)认为从长远来说，大量阅读是扩大词汇量的根本途径——大量阅读易上口的、地道的英语阅读材料或书籍，是提高口语的根本途径之一。胡文仲(2009)认为对于初、中级英语学习者，我特别推荐英语简易读物，读的材料要浅易，故事性要强，读的速度尽可能快一些，读得越多越好。这是学好英语屡试不爽的一个好办法。何其莘(2000)认为用英语思维是许多英语学习者都希望达到的一种境界。从自己学习英语的经历中，我体会到坚持大量阅读是实现这一目标最有效的途径之一。

我国学者从不同角度异口同声地阐明了读在英语学习中的重要性。如果说英语能力技巧可以分为听、说、读、写、译 5 个方面的话，读是最基础的，有了良好的阅读习惯和阅读能力，听、说、写、译则会水到渠成。

2．英语阅读有助于培养读者的跨文化交际能力

英语文本是英语文化的主要载体，阅读文本则是了解融入英语文化的主要手段。语言的存在需要有一个环境，不能脱离文化而存在，不能脱离社会继承下来的传统和信念。阅读是文本创造主体和文本解读主体间的对话，是主体间的一种寻求心灵交流的活动，是读者与文本互动的一种过程。这种对话和互动的关键在于两个主体对同一种语言形式达成积极的思想和心理交流，这就要求读者不但要掌握语言，而且要了解文化。组成语言的词汇、语法和音系无不诉说着文化的本质和价值，因此语言是一个民族的象征，组成这一民族的历史文化背景和生活、思维的方式。语言和文化相互作用，要理解其中一者必须同时理解另一者。在学习和掌握语言的过程中，通过大量阅读文本，读者可以对目的语蕴含的丰富文化形成深刻的、理性的认识，逐渐培养跨文化交际意识。

不但如此，读者本身结合对本族语言文化的理解，与英语语言文化会自然形成对比和类比，了解两种文化不同的渊源、发展历程和本质特征，增强中西方文化的共性与差异的意识，增强对产生这些差异性的根源的认识，从而加深对语言意义的理解，减少因文化知识匮乏而产生的语用失误，提高跨文化交际能力。

3．英语阅读有效提升人文素养

人文素质是做人的素质，是指由知识、能力、观念、情感、意志等多种因素组成的一个人的内在品质，它包括文化知识素养、道德情操素养、审美素养和人生境界追求以及心理素质、思维方式、人生观、价值观等个性。英语语言不仅是一种符号体系或交际工具，而且是英语民族认识、阐释世界的意义体系和价值体系，因而英语具有民族性和鲜明的人文属性。英语文本一定会渗透着英语民族在历史、人物、政治、经济、科技、文学、宗教、习俗等方面的内容，可以说应有尽有，这其中蕴含着丰富的人文精神。读者在这些生动的人文教材中必将获得深刻的启迪和教益，体味其中的真、善、美和假、恶、丑，感悟其中的文化内涵和人文精神，自然而然地受到人文素质教育，在情感智慧、道德品格方面得到升华。这也是为什么近年来越来越多的各级英语教育者和研究者撰文呼吁要在英语阅读教学中充分融入人文素质教育。这其中较为有影响力的有吉林大学的张广林、薛亚红、徐亚辉、陆全，等等。另外，高职英语教育和初、高中英语教育同样也要渗透人文教育。这类学术论文不在少数，这里不再一一列举。

（二）英语阅读策略与技巧

1. 英语阅读策略

阅读策略教学能够培养学习者的策略意识，帮助学习者养成良好的阅读习惯。阅读策略训练一般要经过展示、训练和应用三个阶段，常见的活动见表 4-5。

表 4-5 常见的阅读策略培养活动

策略	活动
生词处理	给学习者提供与课文中的生词所处同样的语境，让学习者运用所展示的技巧
文本阅读	为学习者提供需要分析句子结构理解的文章让学习者阅读
图式利用	在所给文章的相应部分教师通过问题提示学习者进行文本与图式之间的联结，读后让学习者谈论自己是如何利用图式信息理解的
选择注意力	通过问题提示和阅读控制表帮助学习者在阅读中把注意力集中到某具体信息
策略调控	提供风格各异的文章让学习者选择不同的阅读策略，或者同一篇文章为学生设计不同的阅读任务，任务完成后让学习者介绍自己完成不同任务时所采用的阅读方式
文本利用	根据课文的特点设计推理问题，学生完成任务后介绍自己是利用什么上下文信息进行推理的
策略	活动
整体阅读	为学习者提供可以采用整体阅读方式的文章，提示学习者要采用整体阅读的方式进行阅读，阅读后讨论自己阅读的感受
信息分析	为学习者提供不同类别的信息让其分类
结构分析	通过表格、结构图等方式的填充帮助学生分析文章的结构

2. 阅读技能培养

阅读技能是学习者能够无意识地使用某种策略获取信息、理解文本、完成任

第四章 英语教学的主要内容分析

务的技能。与策略相比，词义猜测是一种技能。因为学习者需要首先判断是否需要进行词义猜测，然后再利用略读理解主题大意。

技能的培养需要每种教学活动的训练，具体如表4-6所示。

表4-6 教学活动对技能的培养分类

技能	活动
猜测词义	1. 提问学生对单词或短语的理解 2. 有关单词或短语的替换练习 3. 单词构成分析 4. 单词释义辨析
理解语句之间的关联	1. 段落或句子顺序重组 2. 对规定词语所指的选择 3. 阅读文章补充抽掉的语篇指示语 4. 根据所给句子或段落对下文预测
理解篇章结构	1. 段落顺序重组 2. 段落作用讨论
技能	活动
理解细节	1. 信息转述练习，如信息图表化 2. 记笔记，按照文章顺序记录事件或情感等 3. 正误判断 4. 阅读理解 5. 根据文章重组句子 6. 根据故事排列图片
推论	正误判断，表格填充、讨论等
理解风格效果	1. 有关文章风格的正误判断或选择题 2. 风格讨论 3. 将所给段落或文章与阅读文章进行风格匹配
泛读	1. 课外自选阅读 2. 课外规定泛读，提交相关阅读报告 3. 课外项目阅读
略读	1. 阅读后给出标题 2. 阅读后匹配标题 3. 阅读后撰写概要 4. 话题匹配等

续表

技能	活动
寻读	1. 在规定时间内查找要求的具体信息 2. 信息图表填充 3. 选择填空 4. 补全图片信息等

二、英语写作教学

(一) 英语写作教学的内容

英语写作教学的主要内容包含以下几个方面。

1. 结构

(1) 谋篇布局

结构是写作的基础。学生需要了解文章的谋篇布局，根据写作目的选择适当的扩展模式。

(2) 完整统一

完整统一指文章没有与主题不相关的细节，所有细节都服务于主题。如要加强学生这方面的意识，可采用专项练习的方式进行训练，如设计含有不相关细节的段落，再组织学生修改等。

(3) 和谐连贯

段落篇章要和谐连贯，要有起承转合，避免生搬硬凑，段落与段落之间多使用逻辑和衔接语进行衔接。可采用"短文填空"对衔接语的使用进行专项训练。

(4) 语言流畅简练

语言的结构要简练，杜绝冗余累赘。另外，句子的重心和意思的强调对句式都有相应的要求。

2. 句式

在句式写作教学中可采用"示范"和"讨论"的方式，帮助学生掌握正确的表达方式。除了英语的一般句式外，还有必要向学生介绍其他句式，如倒装句式、强调句式等。

3. 选词

选词能够有效增强作者与读者之间交流的作用。词的选择应考虑语域、读者对象和角色因素等，包括概括词与具体词的选择，拟声词的选择，正式用词与非正式用词的选择，形象词的选择等。

4. 拼写和标点符号

拼写和标点符号的运用是写作的基础，对于读者阅读具有重要的作用。

(二) 英语写作教学的方法

1. 注重写作基本功

语言教学最高层次是应用。英语属于结构语言，它有自己的基本句型、固定搭配、固定短语等，这些都是不可变的，要想在写作中用上它们，用好它们，必须加强这方面的基本训练。首先，加强五种基本句型结构教学。几乎所有的英语句型都是五种句型的扩大、延伸或变化，因此训练学生"写"就要抓住五种基本句型的训练，让他们把这五种基本句型记牢，不断运用。五种基本句型是：

1) S＋V；主语+谓语

2) S＋V＋O；主语+谓语+宾语

3) S＋V＋O＋O；主语+谓语+宾语+宾语

4) S＋V＋P；主语+系动词+表语

5) S＋V＋O＋C。主语+动词+宾语+宾补

五种基本句型虽然能表达一定的意思，但无法比较自由地表达思想，因此还必须对学生进一步进行扩句训练，在课堂上充分发挥学生的想象力，进行扩句练习。其次，加强句型教学，要对一些句子进行分析，增强他们利用各种句子进行一意多种表达的训练。再次，充分利用新教材中"巩固语言的练习"，对学生进行基本语感的训练。

2. 写作多样化训练

听、说、读、写四种技能是相互依赖的，说的能力有赖于听的能力，进而有助于写作。听是理解和吸收口头信息的手段。听和读是输入，只有达到足够的输入量，才能保证学生具有较好的说和写的输出能力。因此，在日常的教学中要注重写作训练的多样化。

首先，在 Dialogue 的教学中，除了听录音、对话、表演和编写相似的对话外，还要求学生把对话改写成一段短文，这样就要求学生在变成短文的过程中，注意时态、语态、人称和前后的逻辑关系，从而为写作打下基础。

其次，在 Reading 教学中，回答问题时要求学生必须用自己的语言，且人称、时态要做相应的变化，这样既能搞懂本意，又能用同义句表达，提高了表达能力。还要让学生用课文中的词组进行复述，学生复述课文不是件容易的事，既要把握课文中的重点、逻辑关系，又要用自己的语言把主要内容表达出来。这样既锻炼了他们组织篇章结构、句子与句子之间逻辑关系的能力，又提高了语言的精练度，使自己的写作能力有了很快的提高。

再次，在"Listening"教学中，除了让学生听懂做完听力练习之外，还让他们把练习作为 guide 进行复述听力材料，有时还让他们写在作文本上。

3. 写作规范化训练

高中起始阶段的写作训练，培养学生的写作模式是非常重要的。我按教师用书上说明的写作步骤，即：①构思(讨论题目)；②写提纲(理顺思想的逻辑关系)；③起草(打草稿)；④校订(检查错误，重新安排内容)；⑤修改(定稿)。对学生进行写作模式的训练。这样看起来比较麻烦，但避免了反复，养成了好的写作习惯。再就是书写和文体格式要规范。严格要求学生正确、端正、熟练地书写字母、单词和句子，注意大小写和标点符号，养成良好的书写习惯。同时对各种文体特点、格式要讲清楚，使学生熟悉规范的书面表达形式，用正确的标准评析和规范自己的书面表达。

第五章　传统英语教学方法的丰富与创新

第一节　英语电影欣赏与戏剧表演

一、英语电影欣赏

(一) 英语电影欣赏对于电影的重要意义

英语电影的欣赏是一个有效的教学方式，教师可以充分利用英语电影，让学生在学习和成长中收到意想不到的结果，为学生英语交际能力的提高打下坚实的基础。

1. 帮助学生掌握英语词汇的表达方法

在观看电影过程中，将影片中人物、场景、语言等信息与平时所学结合，植入语言的实际交流中，为学生创造真实的语言学习环境。对英语学习常用词汇正确表达方式的掌握，可以学生提高实际运用语言的能力，增强语言综合运用意识。

2. 锻炼学生交际能力

在准确把握和使用英语的同时，要了解与英语相关的文化背景知识，运用到现实的交际环境中。语言是文化的载体，而电影则丰富了文化载体。在英语电影中涉及的社交礼仪、风土人情、政治历史等，全方位、直观地展现了使用英语国家的文化。

3. 学生发散性思维的培养

教师在利用英语电影教学中，要关注学生发散性思维的培养，应鼓励和引导学生进行反思和质疑，可以让学生改编剧本的具体章节和情节片段。使学生接收到丰富直观的语言信息，掌握表达方式，在不同文化的语境中提升思考问题和创作的能力。

4. 激发学生学习英语的兴趣

观看英语影片激发学生学习英语的兴趣，让影片中唯美的画面、音乐、剧情发展，给学生带来精神上的愉悦体验，让他们在享受到感官被迅速调动起来的快感，自觉接受影片带来的大量信息，最大限度地提高学习与模仿的兴趣。

(二) 看电影学英语要掌握的原则

一是，选择适合英语学习的电影，也就是择片原则。

二是，不选择内容高深莫测的电影，即简单原则。

三是，将影片中精彩片段背诵下来的背诵原则。

四是，反复观看影片，直到完全看懂、听懂的重复原则。

五是，在电影中分析其精华学习，也同时泛看些自己喜欢的电影，这就是精泛结合原则。

六是，可以模仿经典电影中对白的模仿原则。

七是，在短时间内突破的突击原则。

八是，选择演员发音标准的电影，可以让学生模仿出准确的语音。

(三) 学生观赏英语电影的引导

如何引导学生进行英语电影观赏，让学生在玩的过程中模仿英语，是教师需要考虑的问题。一部优秀的电影可以让学生获益良多，如表5-1中所提及的优秀电影名称以及一些电影常用到的词汇集锦。

第五章 传统英语教学方法的丰富与创新

表 5-1 电影名称及常用词汇

推荐电影名录		1.《鲨鱼故事》2.《霍顿与无名氏》3.《冲浪企鹅》4.《冰河世纪Ⅰ~Ⅲ》 5.《海底总动员》6.《小鹿斑比》7.《快乐的大脚》8.《酷狗马马杜》 9.《狐狸爸爸》10.《狐狸与猎狗》11.《人猿泰山》12.《玩具总动员》 13.《小美人鱼》14.《美女与野兽》15.《别惹蚂蚁》16.《芭比之十二芭蕾舞公主》 17.《芭比娃娃与飞马魔法》18.《芭比公主之钻石城堡》19.《芭比与魔幻飞马之旅》 20.《芭比彩虹仙子之魔法彩虹》21.《芭比之花仙子》22.《芭比之时尚童话》 23.《芭比之时尚童话/芭比之时尚奇迹》24.《芭比之美人鱼历险记》 25.《四眼天鸡》26.《恐龙》27.《怪物史莱克》28.《埃及王子》 29.《白雪公主和七个小矮人》30.《机器人总动员》31.《阿拉丁神灯》 32.《小鸡快跑》33.《仙履奇缘1：灰姑娘》34.《仙履奇缘2：美梦成真》 35.《仙履奇缘3：时间魔法》36.《101斑点狗》37.《小马王》	
		其他： 1.《华尔街》2.《拜金一族》3.《颠倒乾坤》4.《锅炉房》 5.《硅谷传奇》6.《可口可乐小子》7.《发达之路》8.《优势合作》 9.《巴塞罗那》10.《阿甘正传》11.《当幸福来敲门》12.《肖申克的救赎》	
电影常用词汇	起居类相关词汇	卧室	blanket 毛毯 feather quilt 羽绒被 cushion 垫子 cotton quilt 棉被 quilt 被子 bedding 床上用品 mosquito net 蚊帐 sofa bed 沙发床 pillow 枕头 bedspread 床罩 pillow case 枕套 sheet 床单 tick 褥子 mat 席子 carpet 地毯
		厨房	refrigerator 冰箱 apron 围裙 automatic rice cooker 电饭锅 tableware 餐具 steamer 蒸锅 plate 盘子 oven 烤箱 dish 碟子 grill 烧烤架 bowl 碗 toaster 烤面包机 cupboard 碗橱 egg beater 打蛋器 dining table 餐桌 paper towel 纸巾
		卫生间	bathroom 浴室，厕所 urinal 小便池 flush toilet 抽水马桶 toilet paper/tissue 卫生纸 drainage 排水道 toilet brush 马桶刷 toilet seat 马桶坐圈

续表

电影常用词汇	起居类相关词汇	浴室	bathtub 浴缸 bath towel 浴巾 hand shower 手握式淋浴器 soap stand 肥皂盒 shower nozzle 喷头 comb 梳子 soap 肥皂 tap faucet 水龙头 plastic curtain 防水浴帘 shampoo 洗发露 shower cap 浴帽 conditioner 护发素 bath slipper 洗澡用拖鞋 dryer 吹风机 bath mat 防滑垫 razor 刮胡刀 towel hanger/holder 毛巾架 toothpaste 牙膏 towel ring 毛巾环 toothbrush 牙刷
		桌椅	tea table 茶几 corridor 走廊 coffee table 咖啡台 elevator 升降电梯 smoking set 烟具 folding chair 折叠椅 ashtray 烟灰缸 thermos bottle/vacuuming bottle 热水瓶
		柜子、架子	wardrobe 衣柜 hook rack 挂钩架 hook 钩子 TV bench 电视柜 shoe cabinet/storage 鞋柜 bookcase 书架 wall cabinet 壁橱
		电器	pail 洗衣桶 radiator 暖气片 ironing board 烫衣板 electric fan 电扇 steam and dry iron 蒸汽电熨斗 desk/table lamp 台灯 electric iron 电熨斗 wall light 壁灯 laundry drier 烘干机 flashlight/electric torch 手电筒 washing machine 洗衣机
	旅游相关词汇		room rate 房价 baggage receipt 行李收据 standard rate 标准价 trolley 手推车 advance deposit 定金 travelling bag 旅行袋 reservation 订房间 shoulder bag 背包 registration 登记 trunk 大衣箱 porter 行李员 suitcase 小提箱 luggage/baggage 行李 international flight 国际航班 registered/checked luggage 托运行李 domestic flight 国内航班 flight number 航班号 baggage elevator 行李电梯 airport 机场 international terminal 国际航班 domestic terminal 国内航班候机楼

第五章 传统英语教学方法的丰富与创新

续表

电影常用词汇	学科相关词汇	Chinese 语文 Philosophy 哲学
		English 英语 Engineering 工程学
		Japanese 日语 Medicine 医学
		Mathematics 数学 Social science 社会科学
		Science 理科 Agriculture 农学
		Gymnastics 体育 Astronomy 天文学
		History 历史 Economics 经济学
		Algebra 代数 Politics 政治学
		Geometry 几何 Accounting 会计学
		Geography 地理 Law/Jurisprudence 法学
		Biology 生物 Banking 银行学
		Chemistry 化学 Finance 财政学
		Biochemistry 生物化学
		Journalism 新闻学 Physics 物理
		Architecture 建筑学
		Physical geography 地球物理
		Accounting and statistics 会计与统计
		Literature 文学 Sociology 社会学
		Business administration 工商管理
		Linguistics 语言学 Library 图书馆学
		Psycology 心理学 Diplomacy 外交
	世界著名旅游胜地相关词汇	Asia 亚洲
		Angkor Wat，Cambodia 柬埔寨吴哥窟
		the Himalayas 喜马拉雅山
		Great Wall，China 中国长城
		Bali，Indonesia 印度尼西亚巴厘岛
		Forbidden City，Beijing，China 北京故宫
		Borobudur，Indonesia 印度尼西亚婆罗浮屠
		Mount Fuji，Japan 日本富士山
		Sentosa，Singapore 新加坡圣淘沙
		Taj Mahal，India 印度泰姬陵
		Africa 非洲 Pyramids，Egypt 埃及金字塔
		Hyde Park，England 英国海德公园

续表

电影常用词汇	世界著名旅游胜地相关词汇	the Nile，Egypt 埃及尼罗河
		London Tower Bridge，England 伦敦塔桥
		Oceania 大洋洲
		Great Barrier Reef 大堡礁
		Westminster Abbey，England 威斯敏斯特大教堂
		Sydney Opera House，Australia 悉尼歌剧院
		The Mediterranean 地中海
		Europe 欧洲 The Americas 美洲
		Notre Dame de Paris，France 法国巴黎圣母院
		Niagara Falls，New York State，USA 美国尼亚加拉大瀑布
		Eiffel Tower，France 法国埃菲尔铁塔
		Yellowstone National Park，USA 美国黄石国家公园
		Arch of Triumph，France 法国凯旋门
		Statue of Liberty，New York City，USA 美国纽约自由女神像
		Elysee Palace，France 法国爱丽舍宫
		Louvre，France 法国罗浮宫
		Times Square，New York city，USA 美国纽约时代广场
		Leaning Tower of Pisa，Italy 意大利比萨斜塔
		The White House，Washington D.C.，USA 美国华盛顿白宫
		Venice，Italy 意大利威尼斯
		Central Park，New York City，USA 美国纽约中央公园
		Parthenon，Greece 希腊巴台农神庙
		Red Square in Moscow，Russia 莫斯科红场
		Metropolitan Museum of Art，New York City，USA 纽约大都会艺术博物馆
		Big Ben in London，England 英国伦敦大笨钟
		Buckingham Palace，England 白金汉宫
	教育相关词汇	register/enrol 登记、报到 required course 必修课
		opening ceremony 开学典礼 optional/selective course 选修课
		lecture 报告 kindergarten 幼儿园 elementary education 初等教育
		degree 学位 bachelor 学士 secondary education 中等教育
		higher education 高等教育 Master 硕士 Expert 专家
		adult education 成人教育 Doctor of Philosophy 博士
		nursery school 托儿所 primary/elementary school 小学
		consultant 顾问 secondary school 中学

第五章 传统英语教学方法的丰富与创新

续表

电影常用词汇	教育相关词汇	Coordinator 班主任/协调人 junior high school 初中 professor 教授 lecturer 讲师 senior high school 高中 associate professor 副教授 attached middle school 附中 technical school 技校 adviser/mentor 导师 undergraduate 本科 counselor 辅导老师 assistantship 助学金 course arrangement 课程安排 scholarship 奖学金 application form 申请表 room and board 食宿 school of Arts and Sciences 文理学院 auditorium 礼堂 credit system 学分制 project 学生独立钻研的课外课题 mark/score/grade 分数 schedule=school timetable 课程表 presentation 针对某一专题发表的演讲 individual study 自习 English evening 英语晚会 paper/thesis/dissertation 论文 after-school activities 课外活动 letter of recommendation 推荐信 social investigation 社会调查 journal 周记 Graduation eeremony eornmeneem-office hour 教授与学生面谈时间 ent 毕业典礼 culture 文化 diploma=graduation certificate 毕业证书 primary education 初等教育 secondary education 中等教育 tuition 学费 report card 成绩单 higher education 高等教育 the three R'S 读、写、算 diploma 毕业证 school year 学年 term/trimester 学季 pupil 小学生 semester 学期 student 大学生 school day 教学日 schoolboy 男生 school holidays 假期 schoolgirl 女生 curriculum 课程 auditor 旁听生 subject 学科 swot/grind 用功的学生 discipline 纪律 old boy 老生 timetable 课程表 class/lesson 课 grant/scholarship/fellowship 奖学金 homework 家庭作业 holder of a grant/scholar/fellow 奖学金获得者 exercise 练习 dictation 听写 school uniform 校服 spelling mistake 拼写错误 teaching staff 教育工作者(总称) (short)course 短训班 professor 教授 seminar 研讨班 associate professor 副教授 playtime/break 课间, 休息 lecturer 讲师 advisor/mentor 导师 to play truant/to play hooky 逃学, 旷课 conselor 辅导老师 course(of study)课程 course arrangement 课程安排 student body 学生(总称) application form 申请表 classmate/schoolmate 同学 paper/thesis 论文

续表

电影常用词汇	饮料相关词汇	mineral water 矿泉水　champagne 香槟酒 orange juice 橘子原汁　cocktail 鸡尾酒 lemon juice 柠檬原汁　whisky 威士忌 beer 啤酒　brandy 白兰地 white wine 白葡萄酒　red wine 红葡萄酒 soda water 苏打水

二、英语戏剧表演

英语戏剧可以激发学生的学习潜能，提高跨文化交际能力。在英语教学中，教师一般会以英语语法教学为主，改变教学模式，有意识地引导学生实际交际中英语知识的运用。而英语戏剧表演开发了学生的潜能，使他们在听、说、读、写、译等方面得到了充分的锻炼。所以，英语戏剧表演有利于学生的英语学习，同时对教师通过为学生创造戏剧表演的情境，可以更好地与学生进行交流沟通，了解他们的需求。

(一) 戏剧表演的重要意义

1. 改变了传统的教学模式，凸显了学生的主体地位

在传统的课堂教学上，教师常常是课堂的主宰，只是不断地向学生灌输知识，抹杀了学生在课堂中的主体地位，特别是语言技能的运用方面。然而英语戏剧表演的引用，为学生提供了充分的学习时间和空间，让他们积极主动地参与到英语学习中，不断地品尝表演成功的喜悦，从而提高英语的交际能力和英文素养。

2. 拓宽了文化视角，丰富了文化知识

学生通过戏剧表演的方式与课文内容结合，同时也学习国外的历史文化。在按照剧本情节的表演中，体验到外国习俗礼仪和言语行为方式等特点，让学生能够更直观、更生动、更具体地感受和了解中西方文化的差异。

3. 突出创新精神，突破语言的局限

学生是一个富有创造力，也最敢于创新的群体。在这方面戏剧表演使学生突破了语言层面的局限，既培养了他们的创新精神，又开发了他们的潜能，增强了思维的灵活性。

(二) 学生戏剧表演的引导

对于学生戏剧表演的引导工作，是教师必须深思的一个问题。首先，按照学生掌握英语的程度进行分组，分成实力相当的小组。其次，各小组确定主题进入实际操练阶段：

第一步，准备工作，学生研读选定的片段，利用网络和图书资料补充相关材料并相互间交流结果。教师在此期间，要对学生不完备的地方加以补充，但要以学生活动为主。在进行这一步时，可以培养学生的自主学习能力、搜集和处理信息的能力、相互交流和探究问题的能力。研读结束后，学生将收集的资料改编成戏剧剧本，并根据剧本进行排练。

第二步，开始表演，每组的表演形式各异，重点在于体现出表演水平。

另外，教师可以鼓励学生自己编剧本。如教师提供一个故事情景，让学生在这个基础上，进行分组创作剧本，并在课堂上表演。

第二节 英语歌曲听唱

让学生听喜欢的英文歌曲有助于培养学生良好的听力、正确的语音语调以及富有情感的表现力。

一、英文歌曲对英语学习者的帮助

（一）对语感的培养

通过听英文歌曲培养学生的语感，可以提高学生交流的速度和质量。经常处英文歌曲创造的英语环境中的学生，使大脑潜移默化地接受语感的训练。因此，教师要把英文歌曲运用到教学中，强化学生的语感。例如口语课上，组织学生用独唱或合唱的方式进程歌唱表演，提升语感；听力课上，以抢答歌词的竞赛形式，加深对词汇的记忆；写作课上，采用填写歌词等形式，进一步加深词汇的记忆。

许多英文流行音乐的歌词是汇集了大量地道的口语词汇，以及标准的发音的，对学生学习英语有着重要的作用。

例如：wanna=want to,

gonna=going to

ain't=am not or are not

（二）对发音的帮助

在英语歌词中，一些连读、弱读、略读、重读反复地出现，这就要求学生注意发音的变化，可以帮学生练习发音、语调和节奏。例如，歌词：

It takes a lot to know what is love

It's not the big things, but the little things that can mean enough

A lot of prayers to get me through

And there is never a day that passes by I don't think of you

You were always there for me pushing me and guiding me always to succeed

You showed me

When I was young just how to grow

You showed me

……

这首歌的歌词像一首抒情诗，歌手唱得舒缓流畅，其发音标准，易模仿，对学生地道口语的培养有很大的帮助。

（三）扩大词汇量，提升能力

单词的记忆是枯燥乏味的，而用歌曲的形式去记忆，可以获得较好的教学效果。教学中，教师运用歌曲辅助句型教学，轻松达到英语运用能力的目的。学生在学唱英语歌曲时，必须先学会歌词中的英语单词，这样就将学习语法知识变得充满乐趣。

英语学习者单独地记忆单词，不如背句子，因此听英文歌曲在短期内，可以高效地记忆单词，英文歌曲中的句子更是值得记忆的句子。例如，"get"这个单词，在歌曲的用法：

1) 歌词"get back to where you once belonged"(by Beatles)，get back 的意思是"回到"。

2) 歌词"get down and move it all around"(by Back Street Boys)，get down 的意思是"放下"。

3) 歌词"think again。Before you get the wrong impression on your mind"(by Blues，get)中的意思是"得到"。

4) 歌词"get so lonely，can't let，just anybody hold me"(by Jackson Janet，get)中的意思是"变成"。

二、英文歌曲听唱的引导

（一）听唱英文歌曲分类

英文歌曲种类繁多，因此对歌曲的选择也是因人而异。根据学生水平选择英文歌曲来说，可以分为以下三类。

1) 初学者

对于初学者，首要目标是要帮助他们树立自信心，培养兴趣。可选一些节奏较缓、旋律轻柔、抒情的音乐。

2) 中级水平者

中级水平者多是很善于考试的同学，英语学得一般都不错。

3) 高级水平者。

学习水平较高的同学可自由选择精听或泛听各种类型的音乐，也可去听一些Rap(说唱乐)等有挑战性的音乐。

(二) 举例分析

英文歌曲包含丰富的词汇量，在课堂教学中，教师要完整地唱出一首歌曲，最好将歌词呈现出来，之后结合这首歌的原唱，要求学生学会，甚至达到不看歌词也能唱出这首歌的程度。如表 5-2 所示，一些优秀歌曲歌词的赏析。

表 5-2　优秀歌曲歌词赏析

序号	歌曲歌词	赏析
例 1	美国电影 Sound of Music(《音乐之声》)中的 Edelweiss: Edelweiss Edelweiss Every morning you greet me Small and white, clean and bright You look happy to meet me Blossom of snow, may you bloom and grow Bloom and grow forever Edelweiss Edelweiss Bless my homeland forever	体会 bloom 和 blossom 的词性和用法，做到活学活用
例 2	Sound of Music(《音乐之声》)中的 Do—Re—Mi: Let's start at the very beginning A very good place to start When you read you begin with a—B—C When you sing you begin with do—re—mi Do—re—mi, do—re—mi The first three notes just happen to be Do—re—mi, do—re—mi Do—re—mi—fa—so—la—ti	1. 介词短语 at the very beginning 2. 动词短语： Begin with(从……开始) happen to be(碰巧) bring sb.back to (把……带回到) 3. 动词不定式短语、分词短语、介词短语作后置定语：

续表

序号	歌曲歌词	赏析
例2	Let's see if I can make it easy Doe, a deer, a female deer Ray, a drop of golden sun Me, a name I call myself Far, a long, long way to run Sew, a needle pulling thread La, a note to follow Sew Tea, a drink with jam and bread That will bring LIS back to Do(oh—oh—oh) Do—re—mi—fa—so—la—ti—do So—do!	A very good place to start a note to follow Sew a needle pulling thread a drink with jam and bread 4. make+宾语+宾补 Let's see if I can make it easier

第三节 英语演讲

利用生动直观的学习方法,对于学生语言能力的提升提供了环境与氛围,使大脑对接收到的语言信息的印象和理解更加深刻。而英语影片中鲜明的画面、剧情、人物、音乐以及语言,可以激发学生学习英语的热情和兴趣。

一、英语演讲在英语教育中的价值

菲力浦·汪德尔《现代批评中的意识形态转变》中指出:赫伯特·维切恩斯1925年发表的《演讲的文学批评》为文学批评争取了一种新的话语(演讲),而且也为演讲的学生设立了一种新批评。这样维切恩斯使演讲研究合法化了,而且通过对演讲在美国和英国历史中重要性的辩论,也为高校教授公开演讲的产生及其解读赢得了合法地位。"他把演讲从街头搬进了教室学习,把它更少地看成抗议的表达更多地看成向亚里士多德标准看齐的一种练习的观点,他的教授公开演讲的方法要着眼于培养公民的责任意识，把公众演讲纳入盎格鲁撒克逊传统的正规的观点与设立这个国家的公众演讲课程与系科不无关系。"英语演讲教学在西方教育体系中的定位被他描述得非常清楚，英语演讲教学成为盎格鲁撒克逊传统的正统，目的是培养"民主"体制下公民的责任意识。

我国高校的一个首要任务就在于人才培养。《高等学校英语专业英语教学大纲》(2000)明确提出了新世纪英语专业的培养目标，即："高等学校英语专业培养具有扎实的英语语言基础和广博的文化知识并能熟练地运用英语在外事、教育、经贸、文化、科技、军事等部门从事翻译、教学、管理、研究等工作的复合型人才。"

我们怎样评价中国英语演讲教学的性质和作用呢？"演讲课是一门实践性很强的技能课，而不是知识课。课堂上虽也讲授一些有关演讲术的知识，其目的主要是帮助学生更有效地掌握演讲技巧书，并通过它培养起独白言语的能力。"这种陈述摒弃了英语演讲在西方意识形态中的作用，把它的教学比较纯粹地定义成一种实践的语言技能教学。

"演讲和辩论是现代生活中语言交际的重要活动方式，也是培养学生分析、综合、推理、辩驳思维能力的有效手段。在口语课堂学习英文演讲、辩论并不是以培养演讲家、辩论家为目的，而是以演讲、辩论的方式提高学生的口语交际能力，尤其是发展学生的逻辑思维能力和创新能力。"这种说法进一步明确阐述了中国英语演讲教学目的与西方大相径庭，目的是提高学生的口语交际能力、逻辑思维能力和创新能力。

这些研究成果与我国英语演讲教学的现状是吻合的，我通过对我院外语系2001级210名参加了一个学期的"英语演讲"课程的学生调查，他们在回答"你认为英语演讲课的最主要目的是：第一，增强公民的民主意识和责任意识；第二，提高英语的口语交际能力；第三，发展逻辑思维能力；第四，提高创新能力。

英语演讲教学在中国显然是一般门实践性很强的英语语言技能课，它的主要目的是提高学生的口语交际能力、逻辑思维能力，同时也影响了学生的创新意识和公民意识。

二、英语演讲的引导

英语演讲能够极大地提高学生的口语能力、组织能力，还能增强学生的自信心。在西方学校，Public speaking (公众演讲)课程已成为一门必修课。例如美国有95.3%的中学都设有英语公众演讲教育课。因此，在我国的英语教学中，教师也应该注重培养学生的英语演讲能力。

（一）进行动员

教师要让学生明白开展英语演讲活动的目的和意义，引导学生观赏获奖的演讲视频等，激发他们对演讲的热情。

（二）演讲训练

第一步，教师指定题目、内容以及与此相关的关键词汇，让学生自己准备，之后轮流演讲。其间教师要特别注意和鼓励胆怯的学生，让他们能够鼓起勇气尝试演讲，告诉他们重要的是参与，表达是否流利与准确并不重要。第二步，训练学生的流利度。让学生听名人演讲，进行模仿。第三步，即兴演讲。

（三）采取针对性措施

一是，鼓励胆小与沉默不语的学生。对这类学生，在演讲训练中，教师应让他们担任评委的角色，评述或复述演讲者优美的词句，不论这些学生表达得如何，教师都应予以肯定和鼓励。

二是，激励鞭策胆大的学生。在演讲训练中，虽然有些学生口若悬河，却没有几句准确的句子。对于这类学生，教师应肯定其优点，再指出其缺点进行引导。

第六章 英语教学评价问题研究

第一节 英语教学评价的内涵解析

一、评价

评价是课程实施的保障。只有通过评价才可判断教学目标是否达成；只有通过评价才能发现教学中存在什么问题；只有通过评价才能改进教学，促进学生的发展。评价是教学设计的重要组成部分。那么，什么是评价？什么是教育评价呢？

(一) 评价的内涵

自从泰勒提出评价的理念，评价已经经历了描述、判断时期，进入了建构时期，有关评价的看法一直在发展。评价不再是测试的代名词，而是被视为一种价值判断过程，一种特殊的认识活动，是揭示世界的价值、建构价值世界的认识活动。评价的目的在于揭示主体与客体之间的价值关系，也就是说，价值客体满足价值主体需要的程度。

在外语教育评价中，学生、英语教师、社会等都是价值的主体，又是评价主体。价值客体指教学行为、学习行为、评价方式以及学习者的语言应用能力。评价所揭示的就是英语教师的教学行为是否促进了学习者学习行为的变化，学习者学习行为的变化是否促进了其语言应用能力的提高，是否促进了其综合素质的发展，评价方式是否能够促进教学行为和学习行为的改进，是否能够评价应有的语言应用能力，学习者所具备的知识和能力是否是其自身发展所需要的知识和能力，是否是社会发展所需要的知识和能力,或者说教学和学习是否培养了社会发展所需要的语言素质,学习者是否具备社会发展所需要的综合素质。从这层意义上讲,评价的客体不是学生,也不是语言能力和学习过程,而是这些价值客体满足价值主体需求的程度。

(二) 评价、评估和测试

评价离不开评估和测试。评价和评估是两个经常混用的理念,有的认为两者可以互换使用,但是大部分学者认为,评价和评估所指不同,侧重不同。评估(assessment)指评价信息的收集过程,指对学习者语言学习的过程、结果、能力等各方面的数据的收集,而评价(evaluation)是对评估信息进行解释和判断的过程。评估指通过多种渠道收集有关学习者学习过程以及语言能力、态度、参与、认知发展等方面的信息,借以促进教学和学习,而评价是在评估基础上分析数据对教学和学习的总体的价值作用。

传统的评价把测试作为主要的信息采集工具,有时甚至是唯一的工具。但是,评价所依据的信息不只是来源于测试,测试也不过是评估的工具之一。三者的关系如图 6-1 所示。

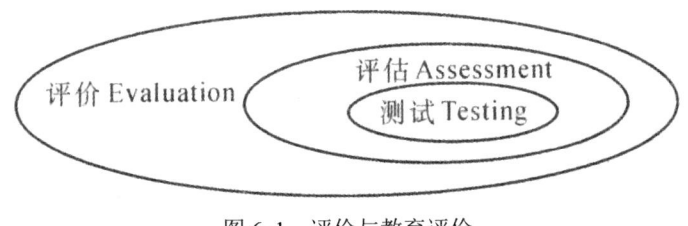

图 6-1 评价与教育评价

二、教育评价的内涵

(一) 教育评价的含义

教育评价指以教育目标为依据,制定科学的标准,运用一切有效的技术手段,对教育活动过程及其结果进行测定、衡量，并给予价值判断，以期改进教育工作，促进教育发展。要理解这个概念，需要注意以下几个问题。

1) 教育评价是以教育方针、教育目标为依据的。

2) 教育评价是一个过程，它包含着一系列的步骤与方法。

3) 教育评价是教育工作的一个重要组成部分，直接作用于教育活动的各个方面。

4) 教育评价的最终目的是用一定的价值标准对学校的教育情况进行价值判断，以改进今后的工作，促进教育的发展和完善。

（二）教育评价的原则

教育评价的原则是指导教育评价活动的基本原理，是正确处理各种因素关系的规范体系。具体来说，教育评价应贯彻以下四条原则。

1. 科学性原则

科学性原则是指在进行教育评价时，要从教与学相统一的角度出发，以教育目标体系为依据，确定合理的、统一的评价标准，认真编制、预试、修订评价工具；在此基础上，使用先进的测量手段和统计方法，依据科学的评价程序和方法，对获得的各种数据进行严格的处理，而不是依靠经验和直觉进行主观判断。

2. 客观性原则

客观性原则是指在进行教育评价时，从测量的标准和方法到评价者所持有的态度，特别是最终的评价结果，都应该符合客观实际，不能主观臆断或掺入个人情感。因为教育评价的目的在于给学生的学和英语教师的教以客观的价值判断，如果缺乏客观性就失去了意义，因此导致教育决策的错误。

3. 整体性原则

整体性原则是指在进行教育评价时，要对组成教育活动的各方面做多角度、全方位的评价，而不能以点代面，一概而论。由于教育系统的复杂性和教育任务的多样化，使得教育质量往往从不同的侧面反映出来，表现为一个由多因素组成的综合体。所以，为了反映真实的教育效果，必须把定性评价和定量评价综合起来，使其相互参照，以求全面准确地判断评价客体的实际效果，但同时要把握主次，区分轻重，抓住主要的矛盾，再决定教育质量的主导因素。

4．指导性原则

指导性原则是指在进行教育评价时，不能就事论事，而是要把评价和指导结合起来，要对评价的结果进行认真分析，从不同的角度找出因果关系，确认产生的原因，并通过及时的、具体的、启发性的信息反馈，使被评价者明确今后的努力方向。

（三）教育评价的类型

根据教育评价的分类标准不同，有不同的评价类型。

1．以评价方法为依据进行分类

根据评价方法，可以将教育评价分为定性评价和定量评价。

(1) 定性评价

定性评价是对评价资料做"质"的分析，是运用分析和综合、比较与分类、归纳和演绎等逻辑分析的方法，对评价所获得的数据、资料进行思维加工。分析的结果有两种。一种是描述性材料，数量化水平较低甚至毫无数量概念。另一种是与定量分析相结合而产生的，包含数量化但以描述性为主的材料。

一般情况下，定性评价不仅用于对成果或产品的检验分析，更重视对过程和要素相互关系的动态分析。

(2) 定量评价

定量评价是从"量"的角度，运用统计分析、多元分析等数学方法，在复杂纷乱的评价数据中总结出规律性的结论。因为教育涉及人的因素，各种变量及其相互作用关系是比较复杂的，所以，为了提示数据的特征和规律性，定量评价的方向、范围必须由定性评价来规定。

可以说，定性评价和定量评价是密不可分的，两者互为补充，相得益彰。

2. 以评价基准为依据进行分类

根据评价基准,可以将教育评价分为绝对评价、相对评价、自身评价。

(1) 绝对评价

绝对评价是在被评价对象的集合以外确定一个客观标准,将评价对象与这一客观标准相比较,以判断其达到程度的评价方法。其设定评价对象以外的客观标准,考查教育目标是否达成,可以促使学生主动学习,并根据评价结果及时发现差距、调整自我,具有明显的教育意义。绝对评价存在着一定的优缺点。

绝对评价的优点是评价标准比较客观,如果使用得当,可使每个被评价者都能看到自己与客观标准的差距,以便不断向标准靠近。另外,教育管理部门通过这种评价,可以直接鉴别各项教育目标的达成情况,明确今后的工作重点。

绝对评价的缺点是在制定评价标准时,容易受评价者的原有经验和主观意愿的影响,也不易分析出学生之间的学习差异。

(2) 相对评价

相对评价是从评价对象集合中选取一个或若干个对象作为基准,将余者与基准作比较,排出名次、比较优劣的评价法。相对评价法便于学生在相互比较中判断自己的位置,激发竞争意识。相对评价存在着一定的优缺点。

相对评价的优点是利用它可以很容易了解学生的总体表现和学生之间的差异或比较群体学习成绩的优劣。

相对评价法的缺点是基准会随着群体不同而发生变化,因而易使评价标准偏离教育目标,不能充分反映教育上的优缺点和为改进教育提供依据。

(3) 自身评价

自身评价是以评价对象自身状况为基准,对评价对象进行价值判断的评价方法。在这种方法中,评价对象只与自身状况进行比较,包括自身现在成绩同过去成绩的比较,以及自身不同侧面的比较(如将学业测验结果与智能测验结果相比较,根据二者的相关程度确定学生的努力程度等)。以进一步提高、保持原状或退步为依据,对评价对象进行价值判断。自身评价也存在着一定的优缺点。

自身评价的优点是尊重个性特点,照顾个别差异,通过对个体内部各个方面进行纵横比较,判断其学习的现状和趋势。

由于被评价者没经过与具有相同条件的其他学生作比较,难以判定他的实际水平和差距,激励功能不明显。因此,在实践中常常需要把自身评价和相对评价结合起来使用。

3. 以评价功能作用为依据进行分类

根据评价功能作用,可以将教育评价分为诊断性评价、形成性评价、总结性评价。

(1) 诊断性评价

诊断性评价是在教育活动之前进行的,所以也称为前置性评价或准备性评价。诊断性评价的目的在于找出影响教育效果的原因。所谓"诊断",即分析找出学生的优点和特殊才能,及原有的知识储备、学习兴趣和取得成功(或失败)的原因等。如同医生给病人开处方前的"四诊",通过诊断设计激励、补救方法,调整教育设计方案,帮助被评价人在原有基础上有所提高和发展。

诊断性评价对学生学习准备和诸多方面的条件做摸底测试,以选择适合学生学习及发展的策略。评价时应注意了解原有知识、学习兴趣、语言能力、家庭状况、学生经历、身体条件等因素。评价时可以采用测试和谈话方法取得第一手资料,并做好记录,为设计教育方案准备材料。

(2) 形成性评价

形成性评价是在教育活动过程中进行的具有监测、调控意义的评价活动,也称作过程评价。这种评价在教育活动、科研活动中被广泛使用。

英语教师通过形成性评价能准确、及时地掌握教育过程中的问题,了解阶段性教育成果,教育双边的缺陷与需求,以及时调整教育设计方案,改进教育;同时也能通过测试、作业强化学生的学习,取得阶段性进步。

形成性评价可以在每堂课、每个学习单元及学期教育中进行,用来了解教育进程中的阶段达标情况,以及时分析原因,找出改进办法。形成性评价注重对教育过程的测试,虽然每次测试的范围较小,但是都能为英语教师提供必要的反馈信息。开展形成性评价的目的在于确定英语教师、学生的改进方向和选择改进的措施。

(3) 总结性评价

总结性评价是在教育活动告一段落后做出的结论性评价,又称为后置评价、结果评价。总结性评价注重的是结果,有区分等级、甄别鉴定的功能。

总结性评价的目的是检验教育活动是否达到标准。通过对学生实施单元、期中、期末或学年考试,对英语教师开展教育结果考核,测量出学生对学科课程内容的掌握程度和英语教师教育任务的完成程度。

总结性评价有多种作用。对学生来说,通过考试测得某学科阶段的知识掌握程度和理解情况,基于评价结果给学生一个学习成绩的结论,也为今后改进提供量化依据。对英语教师来说,评价结果可以为教育管理提供数据,为教研部门提供研究资料,更重要的是帮助英语教师分析工作中的优点与不足,从而使其确定今后的发展方向。

诊断性、形成性、总结性评价的比较如表 6-1 所示。

表 6-1 诊断性、形成性、总结性评价的比较

种类	诊断性评价	形成性评价	总结性评价
主要作用	查明学习准备和不利因素	确定学习效果	评定学业成绩
评价重点	素质,过程	过程	结果
主要手段	特殊编制的测验,学籍档案和观察记录分析	经常性测验,作业,日常观察	考试
测试内容	必要的预备性知识、技能的特定样本,与学生行为有关的生理、心理和环境的样本	课题和单元目标样本	课程和教程目标的广泛样本
试题难度	较低	根据教育任务而定	中等
分数解释	常模参照、目标参照	目标参照	常模参照
实施时间	课程或学期、学年开始时,教学进程中需要时	课题或单元教育结束后,经常进行	课程和一段教程结束后,一般每学期 1~2 次
主要特点		"前瞻式"	"回顾式"

(四) 教育评价的功能

教育评价具有一定的功能,这些功能可以概括为以下四个方面。

1. 教育功能

教育评价的结果可以表明英语教师的教育态度、效果和水平;教育评价中的测试可以表明学生基本技能、基础知识的提高幅度,也可以检验被评价者的现实能力,促进被评价者养成严谨的工作作风和治学态度。

2. 诊断功能

教育评价具有对教育成果及成因进行分析、测量的功能。通过评价活动可以找出教育过程中导致某种不良教育结果的原因和影响学习效果的因素,从而调整教育方案,提高教育质量。

3. 激励调控功能

肯定的教育评价对英语教师和学生都具有激励作用,能使被评价者获得成功的满足和喜悦感,激发教与学的主动性、积极性;公正、准确的批评也能使被评价者冷静思考、找出原因,承受失败的压力,接受教训,明确方向,向新的目标迈进。

4. 管理功能

教育评价活动还具有加强教育行政管理和促进英语教师队伍建设的功能,同时也能为教育科研积累资料。客观、准确、公正的评价结果能使被评价人调整工作情绪,改变教与学的行为,激发努力奋进的信心。

三、英语教学评价

(一) 英语教学评价的理念

大学英语教学评价是根据大学英语教学规律、教学原则及英语教学目标,运用科学的评价技术、手段和方法，对大学英语英语教学效果和英语教学目标的实现程度做出价值上的判断。科学、有效地实施大学英语教学评价，是提高大学英语英语教学质量的重要手段。大学英语教学改革是通过英语教师教学方式、学生学习方式的变革，促进学生英语综合应用能力，特别是听说能力的提高，以适应我国经济发展和国际交流的需要。教学方式主要有两种，一是基于计算机的以学生自学为主、英语教师辅导为辅的教学方式另一种是充分利用多媒体进行的基于课堂的教学方式。这两种教学方式之间在教和学的内容、方式、方法等方面是相辅相成的。与传统的全部基于课堂的教学相比，计算机和多媒体教学的引入，使新的教学在英语教师的教学方式和学生的学习方式方面发生了很大的变化。经过一年多的英语教学的实践探索，原有的英语教学评价体系越来越显得不合时宜，重新建构大学英语教学评价体系，以使评价能促进英语教师的教和学生的学。

(二) 英语教学评价的意义

1. 英语教学评价具有导向功能，能够促进英语教学改革

英语教学评价体系的建立和实施，可以充分发挥评价的导向作用，促进英语教师尽快转变教育思想，在英语教学中更好地发挥英语教师的教育创新意识，达到改进英语教学的目的。评价体系的建立，意味着对英语教学中与教和学相关的各种因素的选择和侧重点不一样，这些不一样的地方将促使英语教师在今后的英语教学中，更加注重评价所侧重的各种相关因素，并将其作为英语教学中展示和发挥的重点，发挥评价的导向功能。

2. 英语教学评价具有激励功能，可以加强英语教师之间的相互交流

英语教学评价能够有效地评析英语教师英语教学的状况和优缺点，只有让英语教师了解了自己在英语教学实践中的优点、亮点、特点和弱点，才能找到今后努力发展的基点和方向。英语教学评价正是英语教师了解自己教学情况的一条关键途径。同时，英语教学评价还可以使英语教师在相互之间的听课、评课活动中增进了解，互相学习，在听课、评课的交流中激发内在的需要和动力。

3. 英语教学评价是促进英语教师专业发展的重要途径

对于英语教师而言,英语教学水平和能力是英语教师立足的基点,如何有效提高英语教师的教学水平与能力是英语教师教育最重要的课题之一。我们的英语教学评价正好可以为广大的英语教师提供一个科学了解自身教学状况的窗口,使其明了自己教学中存在的不足和今后努力的方向,为英语教师的专业发展提供一个很好的平台。针对新课程改革实施过程中存在的英语教师的适应性问题而言,英语教学评价特别是发展性的英语教学评价,正是保证新课程顺利实施,促进英语教师专业发展的重要方法。

4. 英语教学评价具有决策和鉴定功能,是学校管理工作的重要组成部分

英语教学评价是英语教师工作评价的重要组成部分,也是学校评价体系的核心内容。通过开展科学有效的英语教学评价,能够有效地鉴定英语教师的教学态度、教学质量、工作能力、业务水平等,使学校的管理工作更系统化,决策更科学化。

(三) 英语评价的主要类型

1. 形成性评价

形成性评价指在教学过程中为了获得有关学习的反馈信息,对学生所学知识的掌握程度所进行的系统性评价,是日常教学过程中由学生和英语教师共同参与的评价活动。其目的是对学生的学习行为、学习结果以及学习过程中的情感、态度、策略等方面的发展进行评价。形成性评价是教学过程之中的活动,以诊断和促进为目标,是教学过程的有机组成部分。

2. 总结性评价

总结性评价,亦作终结性评价,是一种结果性评价,是在某一相对完整的教学阶段结束后对整个教学目标或学习目标实现的程度所做出的评价。总结性评价通常在英语教学、单元结束或者学期、学年结束时进行,用于确定教学目标或学习目标的达成程度。传统意义上的总结性评价等同于测试,随着评价的发展,一些新的评价方式,如解释性练习、成长记录袋等开始用于总结性评价。

3. 真实性评价

有关真实性评价的研究都把真实性评价看作"一种要求学生通过完成真实任务来展示对所学知识掌握情况以及对技能的意义运用能力的评价方式",认为"真实性评价任务都是学习过程中有意义的、有价值的重要经历"(Webber, 2003),"与成人、消费者或职业人士在工作中所面临的真实问题类似的任务"(Wiggins, 1993)。基于真实性评价的相关研究,可以看出真实性评价具有以下特点:

1) 真实性评价任务侧重学生产出高质量产品或行为的能力。

2) 真实性评价提倡小组评价、自评和互评;为学生提供明确的任务和标准;倡导合作。

3) 真实性评价突出学生在评价中的主体地位,采用标准参照而非常模参照的评价标准。

4) 真实性评价能够照顾到学生的各种差异,包括文化、学习风格、智力倾向、学习基础等各方面的差异。

5) 强调评价与课程、教学的统一,有助于英语教师检查自己是否在测量所教的内容。

6) 真实性评价的关注点是学生能够做什么,而不是知道什么。

7) 真实性评价是一个多元性的评价方式,它采用多种途径在非结构化的情景中评价学习结果。

8) 评价纳入英语教学之中,成为学习的一部分。

9) 真实性评价为"全人"评价,秉承每一个学生都能成功,每一个学生都有自己的优势智力领域,学生的智力发展贯穿于自己的生命的全过程的理念。

10) 真实性评价能够满足多种教育需求,并能够将不同类型的知识和技能运用到相关的任务中。

分析上述特点,不难看出,真实性评价所表达的是一种理念,指对学生能力以及学生学习的评价应该尊重学生自身发展的需求、遵循社会对英语人才的需求、遵循语言学习的特征。这就要求评价所采用的手段应该能够满足这些评价的需求,选择能够测量学生的实际应用能力的评价方式,选择能够促进学生学习的评价手段和符合学习规律的评价工具,如真实性评估和真实性测试(王笃勤,2007)。

4．表现性评价

表现性评价指通过观察学生在完成实际任务时的表现来评价学生已经取得的成就。有的学者称表现性评价为"真实性评价"或"替代性评价",但是表现性评价与真实性评价和替代性评价强调的重点不同。真实性评价强调真实情景中完成的任务,是表现性评价的一个重要目标,也就是说表现性评价中的任务未必是真实的任务。

表现性评价具有以下特征:

1) 表现性评价应该是教学过程中不可分割的一部分。表现性评价要整合课程于教学。

2) 表现性评价所关注的是知识和技能的应用和非智力因素的发展,而不是知识和技能的回忆与再认。

3) 表现性评价的问题情景比较真实,需要学生解决的问题是现实中的问题,而不是脱离现实情景的抽象问题。

4) 表现性评价中需要学生完成的任务一般比较复杂,需要学生综合运用多学科的知识和技能来解决。

5) 表现性评价鼓励学生的发散性思维,允许甚至追求答案的多样性。

6) 表现性评价是形成与终结、过程与结果的结合。

5．发展性评价

随着人们对评价在学生发展中的作用的关注,发展性评价理念开始为越来越多的人所关注。发展性评价强调评价中发展的理念,通过评价直接促进学生的发展。发展性评价秉承"一切为了学生的发展,为了一切学生的发展"的原则,强调学习者在评价中的主体地位,强调评价的多元性。

发展性评价提倡构建评价共同体,学生、家长、学校管理者、上级教育管理者共同构成评价主体,参与教育评价。

发展性评价遵循发展性原则、有效性、过程性和多元性原则。所谓发展性原则,是指评价设计必须"为了评价参与者的共同发展",评价需求的设计应该关注所有参与者的需求,评价必须以促进所有参与者的发展为目标。所谓有效性,指教育评价必须能够促进学习共同体成员的发展。满足社会教育评价需求。所谓过程性,指评价活动必须嵌入到教学活动过程中,在教学活动过程中根据教学需求给予评价数据分析和统计报告。评价是整个教学中不可分割的一部分。评价的多元性表现在评价主体多元化、评价内容的多元化、评价方法和手段的多元化等方面。

发展性评价主体的多元表现在评价的主体不再只是英语教师,学生也必须是评价的主体,把学生的自我评价与外部评价结合起来。另外发展性评价也应强调英语教师集体、学生集体及家长共同参与的作用,要求构建评价共同体。

评价内容的多元化指评价要注重学生综合素质的考查,不仅关注语言水平,更要关注学生的实践能力、心理素质、人际交往能力、学习兴趣、积极情感体验、文化策略等方面的发展。

评价手段和方法的多元指评价必须采用多种多样的方法为评价采集数据,而不能采用单一的测试手段。概念图、清单、学习契约、轶事记录、评价量规、研究进度评分工具、课堂行为互动分析工具、电子档案等都可以用于发展性评价。

6. 多元评价

随着多元智能理论的发展,多元评价开始为人们所接受。多元评价可以说是其他评价理论的综合。多元评价理论的多元性主要表现为评价主体的多元、评价内容的多元、评价方式的多元、评价标准的多元以及评价结果使用的多元。

与真实性评价和发展性评价一样,多元评价同样遵循学习者在评价中的主体地位,同时提倡英语教师、学校、家长、社会等方面共同参与,构建评价主体共同体。

由于价值主体是多元的,其中作为价值主体的学习者在智能、学习风格、认知发展等各方面存在差异。作为价值主体的社会用人单位对语言应用能力的要求各不相同,评价自然也就不能采用同一个标准评价所有的学生。评价标准的差异性表现了对评价主体多元性的尊重。

与发展性评价、真实性评价，甚至是形成性评价一样，多元评价强调评价方式的多元，提倡采用丰富多样的工具采集评价数据，质性工具与量化工具相结合，过程与结果相结合，形成与总结相结合。

所谓评价结果使用的多元与评价功能多元是一致的，也就是说，评价结果不只是用来选拔和甄别，同时还应该用于激励、控制、监控和引导。

不论是形成性评价还是真实性评价，不论是发展性评价还是多元评价，都只是反映了评价的一个侧面。外语学习中的教育评价应该具备真实性，遵循语言学习规律，必须反映语言的真实，语言学习的真实，语言运用能力的真实，必须满足社会发展对外语学习的要求，必须满足学习者自身发展的要求。评价必须具备发展性，必须以促进学习者的个性发展和全面发展为目标；评价必须具备多元性，在实施学习者主体的同时，保证多主体参与，必须采用多样的评价方式评价学生的综合素质。评价必须具有动态性，在学生的学习过程之中对学生的学习、语言发展、语言能力和综合素质进行实时评价。评价必须是质性与量化相结合，过程与结果相结合，通过评价的设计完善教学设计，通过评价的设计促进课程的发展，通过评价的设计促进学生的发展。

(四) 英语教学评价应注意的事项

评价理念是有关什么是好的评价的观念，是价值判断主要在现有的价值信念和价值目标的引导下形成的，在评价活动中具有核心地位和作用。主体具有不同的评价理念就会产生不同的评价结果。

1. 评价应促进英语教师教学方式的转变

教学方式是在知识观、能力观和教学观的指导下，英语教师教学所采用的一系列方法、手段，语言表达习惯，师生交流方式等的总和。传统的大学英语教学认为，知识是教学的中心，英语教师是知识的拥有者，是知识的权威。因此，教学方式的重心在于语言基础知识，以各种英语考核为教学的基本取向，以大学英语四、六级考试内容作为教材的基本参照。在这样的教学重心下，大学英语教学评价以能否有效渗透考试知识点为重要评价指标，这容易导致将英语教学工具化，忽略学生综合英语综合能力的提高。《大学英语课程教学要求(试行)》提出，"大学英语是以英语语言知识与应用技能、学习策略和跨文化交际为主要内容，以外语教学理论为指导，并集多种教学模式和教学手段为一体的教学体系。"这样，就把单独强调知识的教学方式，转变为掌握知识与应用知识、跨文化交际与学习策略的获得四位一体的教学体系。这样，英语教师的教学方式必然发生转变，以适应新形势下对大学英语教学的要求，教学评价具有极强的导向功能、激励功能和改进功能，教学评价的建构能起到促进英语教师教学方式转变的作用。

2. 评价应有利于促进学生学习方式的转变

英语教学起主导作用的是英语教师，英语教师负责整个英语教学的安排和调控，而英语教学的质量却最终要体现在学生的学习上。大学英语的教学目标是培养学生英语综合应用能力，而学生英语综合能力的培养这一目的的实现必然要通过对学生学习方式的转变的引导。英语教学评价应在这方面发挥应有的作用，应关注学生学习策略的调整、学习方法的改进和学习效率的提高。

第二节 主要评价类型设计与实施

一、形成性评价的设计

(一) 形成性评价的作用与形式

尽管真实性评价已经获得了很大的发展，基础教育英语课程标准和大学英语教学要求都提倡形成性评价，提出形成性评价与总结性评价相结合的评价方式。因此，目前人们所提倡的形成性评价已经不再是判断时期的形成性评价，形成性评价被赋予了真实性、表现性、发展性、动态性、多元性等特征。总之，只要是在教学过程之中，在学习过程之中的评价都被视为形成性评价。

1．形成性评价的作用

形成性评价具有过程性评价、表现性评价、真实性评价等众多评价的特征。这种方式具有诊断促进功能、反馈激励功能、反思总结功能和记录成长功能。研究发现，形成性评价有利于促进学生语言技能的提高，有利于学生综合素质的提高。

(1) 诊断促进功能

形成性评价发生在教学的过程之中，可以帮助教师分析学生是否具备了某种图式，是否掌握了某种策略，是否具备应有的语境基础；可以帮助教师分析学生是否真正掌握知识点；可以帮助教师分析学生不参与的原因。比如，听力之前的评价活动可以帮助诊断学生的图式，学生的已有听力水平，学生已经掌握的相关词汇和语法，以及学生的听力策略；听力中的形成性评价可以帮助教师判断学生是否明白，可以帮助教师分析学生明白或不明白的原因，为教师调整教学安排服务。

(2) 反馈激励功能

形成评价的目的在于诊断、激励和促进。通过形成性评价学生可以看到自己的进步，如果学期中教师能够安排学生进行自我监控性评价，比如通过成长记录袋的方式，学生就可以看到自己学习的历程，看到自己的一步步发展，从自己的成长中获得激励，学习就变成了一个自我鼓励的良性循环过程。

(3) 反思总结功能

形成性评价可以为学生提供反思自己的学习过程，反思自己的学习效果，反思自己学习策略的使用等方面的参考。但是，要保证形成性评价反思总结功能的实施，教师通过形成性评价所提供的不能只是分数，更多的应该是组织学生对自己的学习行为、使用策略、学习效果进行分析，并且引导其寻找原因，总结得失，制订下一步的学习计划。

(4) 记录成长功能

人们需要看到自己的进步。进行总结性评价时也有必要参考学生在学习过程中的表现，而要提供这些相关的数据就必须开展形成性评价。教师可以组织学生记录自己的表现，每一堂课的表现，每一单元的表现，都可以帮助学生构建电子档案袋或者手工的成长记录袋。这样不仅可以为形成性评价提供数据，也可以为总结性评价提供数据。

2．形成性评价的形式

形成性评价的实施形式很多，常见的有：

(1) 课堂观察

课堂观察指对学生学习行为表现的观察，是质性评价的一种方式。教师可以观察学生的行为表现、态度变化、参与情况、任务完成过程与质量。课堂观察可以帮助分析学生课堂上的各种行为、教师的各种操作，为完善教学设计提供依据。

观察前教师要根据课堂教学目标确定观察的内容，选择观察的对象与观察的方式，拟定观察量表，以保证获取有效的信息，促进课堂教学的开展。

(2) 评价量表

评价量表是一种比较有效的评价工具。量表的使用使评价更加可靠、公平，可以节约时间，诊断学生的优势与不足。

(3) 师生交流

建构主义学习理论使人们看到学生在学习中的主体地位，在评价中的主体地位，看到了课堂教学过程中形成性评价所具有的互动性。与传统的课堂评价不同，课堂教学中最有力的评价方式不是测验，不是量表，不是观察，而是对话，师生互动和生生互动。课堂教学中的师生对话可以帮助教师诊断学生的学习情况，发现存在的问题。

(4) 座谈

座谈包括与学生的个别交谈和组织学生开展的学生会议。比如在项目学习过程中，教师可以定期召开学生会议。首先各小组介绍自己的项目安排和计划，其他小组同学提建议。在接下来的会议上，各小组可以汇报项目开展情况，通过小组讨论完善自己的项目操作。与一般的座谈不同，这种学生会议目的不是了解学生的情感态度、学习困难、对教学设计的看法，而是通过学生会议监控项目学习，评价项目学习，从而通过项目学习促进学生的发展。

(5) 问卷

问卷是常用的数据收集方式，可以在教学的任何一个阶段实施，甚至是在课堂教学中实施。问卷比较灵活，可以用于调查学生的知识、观点、态度、意识，也可以调查学生的行为。虽然问卷调查用于教学的过程之中，只是事件后行为，难以成为事件中行为，但能对以后的教学活动产生一定的指导意义。

(6) 测验

测验是检查学生对知识和技能掌握最常用的评价方式，主要用于评价学习的成果而不是学习的过程。形成性评价中测验只是用于诊断学生学习的情况，为下一步学习提供参考。也就是说，形成性评价中的测验本身只是用于诊断和促进，不是用于评定、甄别或选拔。测验所反馈的不能只是学生在测验中的成绩，而应该是通过测验所反映出学习者已经掌握的知识和技能，还未掌握的知识和技能，帮助分析原因，为下一步的教学设计提供参考。如果把形成性测验测试结果纳入最终成绩判定之中，那么测验就不属于形成性评价范畴。

(7) 成长记录袋

成长记录袋是学生作品的系统收集，可以用于描述学生的进步，展示学生的成就，评估学生的状况；可以用于总结性评价，也可以用于形成性评价。根据档案袋中记录内容的不同可以分为成果型记录袋和过程型记录袋。成果型记录袋主要记录学生的优秀作品，作为总结性评价的参考。过程型记录袋，通常包括学生的问题、说明、草案、草稿、修改稿、最终产品以及对作品的自我评价，用于监控、调整与发展。

记录袋要发挥应有的作用必须让学生参与作品的选择，并让他们对作品进行自我反思。要让学生反思他们所选择的作品，不仅要在指导中提出明确要求，还应当让学生填写一个简单的表格，借以促进学生对选择内容的反思。

(二) 英语教学形成性评价的设计与实施

1. 形成性评价设计

(1) 评价标准设计

要实施形成性评价首先必须明确形成性评价的标准。与总结性评价不同,形成性评价的标准是变化的,是过程性的,在不同的学习阶段评价标准是不同的。要设计形成性评价的标准首先必须根据教材内容的特点,结合学生的具体情况将教学分成几个阶段,然后确定每一个阶段计划达到的目标。这样,形成性评价标准就有诊断性评价标准、形成性评价标准和目标达成评价标准。这若干标准构成一个由低级到高级的评价阶梯。

(2) 评价过程设计

这里的评价过程不是指具体一次评价的过程,而是指根据教学的安排设计在什么阶段开展评价,开展什么样的评价等。

就课堂教学而言,评价可以出现在学习之前,学习之中和学习之后。学习之前开展的评价为诊断性评价,学习之中的评价为过程性评价,学习之后的评价为目标达成评价。每堂课都会由若干活动组成,分别处于不同的学习阶段、不同的认知层次。每个活动都应该有对应的开展情况的评价,然后根据评价的结果调整下一步的教学活动安排。这样一个比较理想的教学设计就应该体现评价后的活动调整,具体如图6-2所示。

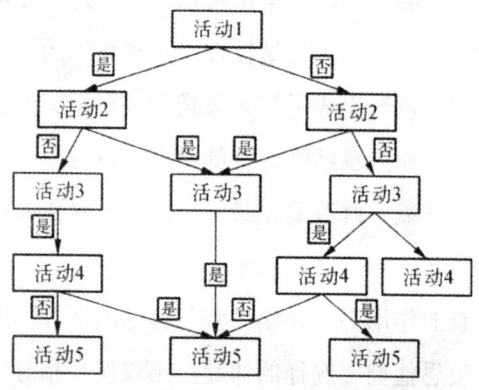

图6-2 评价过程的结构示意

第六章 英语教学评价问题研究

(3) 评价内容设计

不同的评价阶段评价标准不同，评价的内容也不同。根据认知发展规律，评价的内容可以是从知识到理解，从理解到应用，从理解到分析和综合，最后再到评价。听力如此、阅读如此，词汇语法也应该如此。如在阅读之前的诊断性评价中可以是背景知识的掌握情况，可以是策略的熟悉情况，也可以是词汇和语法的理解情况。在阅读过程之中，评价的内容可以是信息的辨认，信息的转述，信息的应用，可以是逻辑的理解，逻辑的判断，逻辑的重组，可以是归纳推理，词义猜测，主题理解，信息应用，策略应用和语言应用。因此，教师在设计评价时一定要分解课堂教学的过程，根据教学过程的要求设计评价内容。

(4) 评价方式(活动)设计

不同的评价内容需要不同的评价方式。如果评价的内容是理解能力，可以采用选择、匹配、正误判断、排序、逻辑识别等形式。如果评价的是应用能力，就要设置新的语境，让学生在使用某种语言结构、某种策略等的前提下应用所学解答问题，完成任务，那么，评价就应该采用提问、讨论、课件制作、演讲、表演等方式。如果评价的是学生的参与，可以采用问卷、量表、反思性问题的方式。

(5) 评价反馈设计

如何利用反馈信息决定着采用什么方式反馈评价结果。反馈有定量和定性两种。一般情况下课堂教学中的评价多采用定性的方式描述学生的表现，也可以采用定量的方式，如通过对问卷和量表数据的统计以数量的方式呈现评价结果。反馈的方式还包括采用即时反馈和延迟反馈，教师反馈和学生反馈等。在设计评价时必须明确如何获取评价信息，获取什么样的评价，如何呈现评价信息，由谁向谁呈现评价信息。

2. 形成性评价的实施

要在教学中实施形成性评价首先必须制订形成性评价计划，构建形成性评价机制，对形成性评价进行元评价。

(1) 制订评价计划

评价是有效教学的保障，要实施有效的评价首先必须制订评价计划。教师应该首先具备评价的意识，将评价纳入自己的日常教学之中，在学期开始就必须明确如何开展日常学习的形成性评价，如何开展课堂教学的形成性评价。作为一个教研室、一个学校，必须有适用于全体学生的评价计划。计划要明确评价的标准、评价的内容、评价的方式，明确评价的具体安排以及反馈方式。

(2) 构建评价机制

形成性评价计划的实施需要评价机制作为保障。这就要求学校构建评价的管理系统，组建评价共同体，形成评价制度，拥有一个完整的评价体系。缺乏良好的评价机制，课程就难以健康发展，就难以保证科学的教学设计，难以开展有效教学。

(3) 形成性评价之元评价

元评价即"评价之评价"，是对评价的结构、过程、结论及其反馈进行全面、系统的评价，以修正评价结论、改进评价活动的过程。根据元评价与被评价活动之间的关系，元评价可分为过程性元评价和终结性元评价两种。过程性元评价与被评价活动同期进行，而终结性元评价发生在形成性评价、终结性评价等评价活动之后。要保证形成性评价的有效实施就必须对形成性评价进行评价。

形成性评价的元评价主要评价形成性评价在评价标准、评价方式、评价内容、评价操作、评价结果使用、评价效果等方面是否符合形成性评价的要求，形成性评价是否起到了应有的诊断和促进作用。如果没有，问题是什么，形成性评价的哪个环节存在问题需要改进。如果缺乏元评价机制，形成性评价的有效性则难以保证。

二、总结性评价的设计与实施

(一) 总结性评价的常见形式

总结性评价是一种结果性评价，是在某一相对完整的教学阶段结束后对整

第六章 英语教学评价问题研究

个教学目标(或学习目标)实现的程度做出的评价。总结性评价通常发生在课堂教学结束、单元结束和学期结束，以及学业结束时进行，用于确定教学目标达成的程度。

总结性评价常用工具不同于传统意味上的终结性评价，属于目标达成评价的范畴，目标不同则评价的方式不同。对知识掌握的评价与技能掌握的评价不同，对理解能力的评价与对应用能力的评价不同。有的可以采用表现性测试，有的可以采用真实性任务，有的可以采用档案袋等形式。总的说来，总结性评价采用的多为表现性工具，如作品、作文、绘画、成长记录袋等，除解释性练习可采用选择以外，总结性评价所采用的都是构建性的表现性任务。评价既采用分数制，也可采用等级评分。

1. 正误判断

正误判断可以作为总结性评价的一种形式，一般用于评价信息辨认能力和信息理解能力。正误判断不只是让学生判断所给陈述是对是错，也可以通过调查问卷等的方式呈现。

2. 匹配

匹配可以评价的内容很多，可以是知识，也可以是理解；可以用于听力、阅读、词汇、语法。可以匹配的内容很多，可以将段落与主题匹配，段落与大意匹配，可以将论点与支撑细节匹配，可以将人物与其经历匹配，也可以将人物与其观点匹配。但是在设计总结性评价活动时要遵循真实性原则，也就是说，这种匹配的形式在现实生活中有无发生的可能，匹配是否是评价的唯一方式或者是最佳的方式，否则没有必要采用匹配的方式。

3. 选择

选择不是不能用于总结性评价。只要是能够评价所需评价的内容，就可以采用选择的形式。在设计选择问题时要考虑到现实生活中是否有可能通过选择的方式呈现对某种信息的应用。比如，如果听力是有关公园约会的对话，当约会方去公园时就会面临判断所看到的环境是否与电话中一方描述的一致的问题，就会面临在众多的环境中做出选择的问题。这样，对理解能力的一种评价就可以设计让学习者从若干图片中选择对话中所说的约会地点的形式。

类似的现象可以发生在阅读中，如果阅读的是使用说明书，就可以让考生判断所给操作是否正确，让考生选择路线图，或让考生选择正确的操作程序。

4．建构性问题

所谓建构性问题指需要学习者组织语言表达自己的理解、表达自己观点态度的问题。根据问题所设计的内容，建构性问题可以是信息辨认问题、态度判断问题、信息分析问题、信息利用问题、观点评价问题、策略应用问题等。

建构性问题可以是封闭式的，也是可以开放式的，一般情况下以开放性问题或者是讨论题为多。论述题主要用来测量概念化、建构、组织、整合、关联和评定观点等方面的能力。如：

"Suppose an English gentleman comes to you to ask the way to Tian'anmen Square when you are walking around Bei-iing Foreign Languages Institute, tell him how to go to Tian'anmen Square."

"Search the library or surf the Internet and make a poster or webpage about a Chinese food."

5．真实性任务

真实性任务是评价一个学习者语言应用能力的最直接的方式，通过学习者在任务中的表现可以推断其完成类似任务的能力。

听力、阅读、词汇、语法、写作等方面能力的评价都应该贯彻真实性原则，保证材料、活动目的、人物角色、任务形式的真实。要评价学生是否能够听懂指令，是否能够正确运用指令，就应该让学生根据指令做出反应，就应该根据具体的情况给出指令。例如，要评价学生是否会用一般将来时或者 be going to 就可以让学生介绍自己的假日计划。教材中很多任务都可以用作总结性评价。

6．项目

项目同样可以作为总结性评价的一种手段。与其他活动不同，项目要求学生小组合作完成一个现实中的任务，并且做出某种产品，如板报、网页、模型、话剧、视频节目、谈话节目、调查报告等，如表 6-2 所示。

表 6-2　研究性学习项目表

Research project: Investigation about views on the Internet

Current comments on the Net, its application and its tendency.

Requirements:

(1) Final product: a report

(2) Process: to gather information in the following ways:

A. Reading: Resource Text A, Text B, newspapers, magazines and so on for information about the Internet and virtual life, concerning the application, development and prospective.

B. Investigation(the main part of the project): Design a questionnaire and investigate at least two respondents. Collect the answers and analyze its results.

C. Surfing the Intenet: Get views 0n the issue from the Intenet.

You may use articles, news reports, commentaries, or pastes.

Requirement about the report:

(1) State the objectives of the project;

(2) State how you do the investigation:

(3) Stage how you gather and analyze the data;

(4) Present the findings(charts and tables are preferred for the presentation of data):

(5) Discuss the result.

（二）总结性评价试题设计与施测

测试是最常用的总结性评价方式，也是目前人们最信赖的评价方式之一。测试中试题的设计是评价效度、信度和公平的保证。要实施有效的评价，有必要了解试题设计的基本规范。

1．试题设计的程序

一套完整试题的设计一般要经过以下六程序，即确定测量目标；确定行为目标；拟定测试内容细目表和试题规范细目表；选择测试材料，设计测试题目，制作试卷；施考和成绩报道。

一般说来，测量目标指的是新课程标准中规定的学习者通过基础教育阶段的学习，或通过高等教育阶段的学习应该达到的能力目标，包括知识目标、技能目标、文化目标、策略目标以及情感态度目标。测量目标相对抽象，必须转化为行为目标才能够测量：行为目标是测量目标的具体体现，一般用可观察的行为动词描述。但是，行为目标一般应该采用概括的表达方式，并不包含具体表现形式，不过行为目标必须能反映出考生行为表现的类型，或者行为表现的水平。如：获取重要的事实信息、理解对话中的隐含意思、归纳对话的主旨大意的能力。

考试内容规范表一般要包括测试的测量目标与行为目标、测试涉及的内容领域、题型和题量等内容。将这些内容具体化就可以得到试题规范细目表。试题规范细目表一般包括学科、测试的测量目标和行为目标、内容领域及要求、题型、样题等内容，如表6-3。

表6-3 测试细目表

	测量的技能	话题	题型	题数	分值比例
听力	获取重要的事实信息	旅游、天气、职业、爱好	图表填充	5	5%
	理解对话中的隐含意思	邀请、道歉、计划	选择	3	6%
	归纳对话的主旨大意	故事、新闻、事件	建构性问题	2	4%
阅读	识别语篇中的细节	故事	信息提取、图表填充	3	6%
	根据上下文理解词义和句子	故事	建构性问题	2	4%
	辨别文中表述的关系	历史文化	匹配	2	2%
	归纳语篇的主旨大意	轶事	建构性问题	1	3%
	推测语篇隐含的意思	新闻报道	匹配	2	2%
试题总数				20	32

试题内容细目表制定之后，就可以根据试题的要求选择材料，再设计试题。试题设计之后必须进行预测，通过预测计算试题的效度和信度，根据预测结果调整试卷的结构，再施考。试题的成绩报告可以采用分数形式，也可以采用等级形式。

第六章 英语教学评价问题研究

2. 试题材料的选择

要保证试题的质量，材料的选择十分重要。一般说来材料的选择应该注意以下几点：

(1) 材料要与测量目标以及试题欲测量的行为目标相关

测试结果解释和使用的效度完全取决于测量目标的实现程度，而考试测量目标的实现程度又依赖于每道试题是否能够引导考生表现出试题要测量的行为。因此，试题的材料选择是否能够评价要评价的行为目标将直接影响测试的效果。

(2) 材料应该与考生的学习经历和生活经历相适应

英语与其他材料不同，语篇材料设计的主题以及领域范围很广。如果所选材料是考生所不熟悉的，那么影响考生表现的因子就不只是考生能力因素，材料话题和范畴也可能使测试很难保证应有的效度和公平。

(3) 材料必须来自真实生活

如果测试以评价学习者完成现实生活中的任务为目标，那么就应该选择现实生活中真实的语言材料，或者模拟现实生活中的语言材料，或者是根据现实生活中的语言材料进行改编的材料。现实生活中的真实材料，尤其是听力材料可能会存在诸多非语言的外在因素，从而影响学生的理解。测试应该保证学生的表现源于对材料自身的理解，而不是其他因素，如果学生不能理解，材料本身应该是唯一的影响因素，而不是外在环境等因素。

3. 客观题的设计

客观题指有固定答案的问题，包括选择填空、匹配、图表填：是常用的题型。设计选择填空时应该注意以下几点：

1) 每个问题只能有一个测试点，不能设计多层面的选择题。
2) 保证每个选择题的答案是唯一的。
3) 题干与选项难度要一致。
4) 题干要提供足够的语境。
5) 题干中可能重复出现的单词不要出现在选项中。

6) 题干中应避免泄露答案。

7) 阅读和听力选择题题干不能使用材料中的原词。

8) 题干提供的语境只能有一种解释，不能有歧义。

9) 干扰项自身应该是正确的。

10) 干扰项应该有放入题干的可能性。

11) 选项长度要均衡。

12) 干扰项考点分布要均衡。

13) 选项未必都是四个选项，选项的多少可以根据问题的要求来增加或者减少。

4. 主观题的设计

随着真实性评价的发展，和交际测试以及真实性测试理念的发展，主观试题，尤其是任务型测试开始被运用到越来越多的试卷中。

主观题经常用来测量比较复杂的行为目标，如：

1) 辨认或汲取相关信息的能力和表达相关信息的能力。

2) 分析归纳或分析说明材料的能力，包括文字、图表、数据和关系材料。

3) 解释各种关系的能力。

4) 应用概念或原理解决问题的能力。

5) 提出、组织和表达观点的能力或用事实、资料支撑观点的能力。

6) 陈述推理的能力。

7) 设计试验或调查程序的能力。

8) 提出假设的能力以及对资料进行分析论证或驳斥假设的能力。

9) 对论点或观点进行评价的能力。

简答题、论述题、写作等都属于主观题的范畴。多数主观题没有固定答案，因此需要有一个明确的评分标准。在制定评分标准时应该注意以下因素(雷新勇，2006)：

1) 根据试题要求选择整体评分还是分项评分。

2) 评价的行为特征应该与测量的行为目标一致。

3) 分项评分中每个项目应该只包含一个独立的行为特征。

4) 要明确评价的行为特征等级数量。

5) 对评价的行为特征要有明确的定义。

第三节 主要评价类型的不同与结合应用

一、形成性评价与总结性评价的差异

形成性评价(Formative Evaluation)是通过诊断教育方案或计划、教育过程与活动中存在的问题，为正在进行的教育活动提供反馈信息。以提高正在进行的教育活动质量的评价。一般地说，形成性评价不以区分评价对象优良程度为目的，不重视对被评价对象进行分等鉴定。总结性评价(Summative E—valuation)与此不同，它是在教育活动发生后关于教育效果的判断。一般地，它与分等鉴定、做出关于受教育者和教育者个体的考核、做出教育资源分配的决策相联系。学生的毕业考试、教师的考核、学校的鉴定都是总结性评价的例子。由此可见，这两类评价活动是有区别的：

（一）形成性评价与总结性评价的目的、职能不同

布卢姆曾经明确指出："形成性评价的主要目的是决定给出的学习任务被掌握的程度、未掌握的部分"，"它的目的不是为了对学习者分等或鉴定，而是帮助学习者和教师把注意力集中在为进一步提高所必需的特殊学习上。"布卢姆的这段话主要是针对学生学习成就的评价而言，但其基本精神同样也适用于教育评价的其他方面。在教育方案的评价中，形成性评价通过社会需要、教育活动参与者的需要、可行性研究、实施过程存在问题等方面的调查，将其目的指向

改进教育活动的质量。总结性评价"指向更一般的等级评定"。它的直接目的是做出教育效果的判断，从而区别优劣、分出等级或鉴定合格与否。总结性评价与教学效能核定联系在一起，它为关于个体的考核、教育资源投资优先顺序的选择等提供依据。

（二）形成性评价与总结性评价的报告听取人不同

形成性评价是内部导向的，其评价的结果主要供进行教育活动的教育工作者参考；总结性评价是外部导向的，其评价的报告主要呈递给各级制定政策的管理人员，以作为制定政策或采取行政措施的依据。形成性评价与总结性评价的这一区别，决定了这两类评价活动的外部特征：形成性评价者与教育活动的实施者相互依赖，教育活动的实际参与者与实施者需要形成性评价者提供各种帮助，这两类人员关系密切；总结性评价者与教育活动实施者则在一定程度上保持着独立的关系，这一独立的关系使评价者能以较客观的态度去实施评价。

（三）形成性评价与总结性评价覆盖教育过程的时间不同

形成性评价直接指向正在进行的教育活动，以改进这一活动为目的，因此，它只能是在过程中进行的评价，一般不涉及教育活动全部过程。总结性评价考查最终效果，因此它是对教育活动全过程的检验，一般在教育过程结束后进行。

（四）形成性评价与总结性评价对评价结果概括化程度的要求不同

形成性评价是分析性的，因而，它不需要对评价资料做较高程度的概括。而总结性评价是综合性的，它希望最后获得的资料有较高的概括化程度。

除了上述四项区别外，形成性评价与总结性评价在评价的准则、标准、方法等方面也有些区别。

二、总结性评价与形成性评价的有机结合

实际教学评价中，大部分评价都是形成性评价与总结性评价的结合。当评价数据用于调整教学以满足学生的需求，或是学生用于改善自己的学习方式时，评价就是形成性的；如果评价数据用于学位证书或问责，那么评价就是总结性评价。在日常的教学设计中，要取得理想的评价效果，形成性评价就必须与总结性评价相结合。

（一）在形成性评价中开展总结性评价

形成性评价的内容很多，其中之一就是阶段目标达成的评价。从目标达成的角度出发，评价就具有总结性。因此，在开展阶段性的目标达成评价时可以采用总结性评价的方式。在开展听力、阅读、交际、任务和写作教学之前所开展的诊断性评价也属于总结性评价的范畴，因为所评价的是学生已经具备的知识和技能。

要在形成性评价中实施总结性评价，首先必须明确阶段性教学目标，根据目标需要设计评价活动。第二，由于发生在教学过程之中，评价所采用的方式一般情况下不同于常见的总结性评价，尤其是不可能采用测试的评价方式。多数情况下所采用的是与教学过程吻合的教学活动。

（二）总结性评价借鉴形成性评价的操作

发生在不同阶段的总结性评价操作方式不同。虽然课堂结束时的评价是总结性评价，但是相对整个单元教学，相对整个学期的学习，却属于形成性评价的范畴，一般不能采用测试的手段，而是把课堂结束时的最后一个活动，或者是最后阶段的某个活动作为课堂教学目标达成评价活动。根据课堂目标的不同，评价可以是对知识掌握的评价，对概念理解的评价，对技能运用的评价，也可以是对情感态度等方面的评价。

单元评价以及学期结束时的学业评价是传统意义上的总结性评价。但是，要

保证总结性评价的正面促进作用，而不是负面的反拨作用，总结性评价不能机械地模仿目前存在的各种考试体系，因为没有任何一个考试体系能够评价课程应该达到的所有目标，也没有任何一个考试能够真正评价一个人的综合应用能力，尽管我们的平时教学都在培养这些能力。因此，要保证总结性评价的效度，就必须采纳形成性评价的操作方式和形成性评价中的活动形式。

参考文献

蔡基刚．2012．中国大学英语教学路在何方[M]．上海：上海交通大学出版社．

陈品．2013．大学英语教学理论与实践[M]．天津：南开大学出版社．

程东元．2008．外语教学技术[M]．北京：国防工业出版社．

崔刚，孔宪遂．2009．英语教学十六讲[M]．北京：清华大学出版社．

杜秀莲．2011．大学英语教学改革新问题新策略[M]．济南：山东大学出版社．

范革新．2005．英语教学策略与方法[M]．北京：知识出版社．

范谊等．1998．面向21世纪外语教学：论进路与出路[M]．重庆：重庆出版社．

冯莉．2009．大学英语语法教学理论与实践[M]．长春：吉林出版集团有限责任公司．

付克．1986．中国外语教育史[M]．上海：上海外语教育出版社．

高立波．2006．经典教学案例与创新课堂设计[M]．北京：世界知识出版社．

顾宝珠，吴献春，廉勇．2010．高职院校旅游英语课程教学的探索与实践[J]．承德石油高等专科学校学报，(1)．

何克抗．2002．教育技术学[M]．北京：北京师范大学出版社．

何少庆．2010．英语教学策略理论与实践运用[M]．杭州：浙江大学出版社．

束定芳，庄智象．2008．现代外语教学理论、实践与方法(修订版)[M]．上海：上海外语教育出版社．

教育部高等教育司．2007．大学英语课程教学要求[M]．北京：外语教学与研究出版社．

乐眉云．1995．语言技能教学法[M]．北京：教育科学出版社．

李荫华．2002．研究规律，改进教学——大学英语教学研究[M]．上海：上海外语教育出版社.

刘润清, 戴曼纯. 2003. 中国高校外语教学改革现状与发展策略研究[M]. 北京：外语教学与研究出版社.

鲁子问, 王笃勤. 2006. 新编英语教学论[M]. 上海：华东师范大学出版社.

鲁子问, 王笃勤. 2008.《英语》[M]. 北京：高等教育出版社.

陆宏, 孙月升. 2007. 信息技术与课程整合的理念与实施[M]. 北京：首都师范大学出版社.

陆全《内蒙古师范大学学报》2004年第5期上发表的《论外语教学中的中国文化教育》.

马颖峰. 2005. 网络环境下的教与学[M]. 北京：科学出版社.

皮连生. 2004. 英语学习与教学设计[M]. 上海：上海教育出版社.

祁琳, 纪楠, 邵海燕. 2016. 网络技术发展背景下的英语教学革新——评《英语语言教学改革与创新——互联网+教育探讨》[J]. 教育理论与实践, (26).

钱俊生, 余谋昌. 2004. 生态哲学[M]. 北京：中共中央党校出版社.

曲佳, 廉勇. 2006. 基于 Microsoft．NETFramework2．0 技术图书馆期刊发布系统的研究与实现[J]. 现代情报, (8).

施良方, 崔允漷. 1999. 教学理论：课堂教学的原理、策略与研究[M]. 上海：华东师范大学出版社.

石中英. 2001. 知识转型—教育改革[M]. 北京：教育科学出版社.

史爱华, 廉勇, 胡智勇, 王薇. 2014. 英语和汉语语序异同对比[J]. 承德石油高等专科学校学报, (6).

束定芳. 2004. 外语教学改革：问题与对策[M]. 上海：上海外语教育出版社.

宋海波, 廉勇. 2015. 浅析语言学习内控观对大学英语教学的影响[J]. 石油教育, (5).

徐亚辉.《黑龙江高教研究》2007年第2期上发表的《大学英语人文教育创新研究》.

张广林、薛亚红.《北京交通大学学报(社会科学版)》2009年第4期上的《大学英语教学中的人文素质教育刍议》.

Bailey, K. M. 2004. Learning about Language Assessment: Dilemmas, Decisions and Directions[M]. Beijing: Foreign Language Teaching and Research Press.

Goodwin, J. 2006. Teaching Pronunciation. In Teaching English as a Sec—ond or Foreign [34]Language[M]. Beijing: Foreign Language Teaching and Research Press.

Graves, K. 2005. Designing Language Courses: A Guide for Teachers[M]. Beijing: Foreign Language Teaching and Research Press.